制度环境、
高管薪酬与企业创新

Institutional Environment,
Executive Compensation and Enterprise Innovation

朱兰亭 ◎ 著

复旦大學 出版社

前言

　　随着我国经济发展步入新的时代，我国经济也逐渐转向高质量发展阶段。与此同时，面对我国人口红利的逐渐消失以及资本在全球范围的重新配置，提升创新能力实现转型升级变得至关重要。党的二十大报告提出"创新是第一动力""完善中国特色现代企业制度，弘扬企业家精神，加快建设世界一流企业"。作为创新的重要实施者，企业家的重要性不言而喻。塑造良好的制度环境，激发和培育企业家精神，具有重要的理论和现实意义。然而，已有关于制度基础与企业创新的研究，往往忽略了高管在其中的重要性，基于此，制度环境影响企业创新的内在原因尚需进一步探究。本书从我国特有的制度环境出发，研究高管薪酬对企业创新的影响。

　　本书关注的问题是，在我国政府大力弘扬创新精神和企业家精神的制度环境下，企业的创新能力是否随之步入更高水平？新制度经济学理论表明，在制度环境演变的过程中，企业内部的各项经营活动也会随之调整，以适应环境的变化，现阶段我国特有的制度环境对企业创新会有怎样的影响？更进一步来说，制度环境通过哪些方式影响企业创新？制度环境影响企业创新的过程中，是否存在某种传导机制？在企业内部，高管虽为代理人,但企业内的一系列创新决策往往是由高管制定的,高管很大程度上肩负着企业的创新发展任务。创新活动具有较高的失败率,而具有风险规避倾向的高管往往缺乏创新热情。委托代理理论表明,对高管实施合理的薪酬激励能够促使高管更关注企业的长期发展,创新便是其中的重要一项。根据制度环境相关理论,制度环境能够在很大程度上影响企业的高管薪酬契约。因此,结合我国当前鼓励万众创新、激发企业家精神的现实制度环境,基于制度环境相关理论、高管薪酬相关理论和企业创新相关理论,本研究以企业高管薪酬为切入点,深入挖掘制度环境影响企业创新的内在机理,以对上述问题进行回答。

首先,从我国制度背景出发,全面研究制度环境对企业创新的影响;其次,基于相关的研究理论,从高管薪酬视角深入研究制度环境对企业创新的传导机制;最后,通过中介效应检验,实证分析上述传导机制的合理性。具体而言,本书通过研究发现:(1)制度环境对企业创新有显著的正向影响,在国有企业和非国有企业中均是如此;(2)制度环境能够通过高管年薪和股权激励提升企业创新水平,这一结论在非国有企业中更为显著;(3)制度环境能够通过高管在职消费提升企业创新水平,这一结论在非国有企业中更为显著;(4)制度环境能够通过高管薪酬(货币性薪酬和非货币性薪酬)提升企业创新水平,这一结论同样在非国有企业中更为显著。

本研究提出如下三点建议:(1)优化制度环境,促进企业家精神发挥,提升企业的各项创新能力;(2)研究和设计契合我国现阶段的高管薪酬体系,激发高管的创新潜能;(3)对国有企业和非国有企业采取不同的创新激励方法,坚持创新驱动发展,进一步提升企业创新投资水平。

　　本研究的贡献体现在两个层面：一是理论层面，深入探究制度环境影响企业创新的内在机理；构建制度环境通过高管薪酬最终影响企业创新的传导机制；深化高管薪酬的相关研究。二是现实层面，从企业创新和薪酬激励视角探寻制度环境的深远影响，突出高管薪酬契约的重要意义；为我国建立现代企业制度、建设创新型国家提供参考。

目录

第一章 绪论

1.1 研究背景与意义

1.1.1 研究背景

我国目前经济发展处于向高质量发展的过渡阶段,增强创新能力实现经济发展模式转变成为必由之路。党的二十大报告中强调了创新对于我国的战略意义,并且高度凸显了企业家和企业家精神在实施创新活动的关键作用。我国政府正积极努力创造良好的创新生态,激发全民的创新热情、创新潜力,以便最终落实创新驱动发展战略。因此,在当前的环境背景下,深入探究企业家和企业家精神,对于塑造能够最大化激发企业家精神的制度环境,具有重要的理论和现实意义。

一国的创新水平很大程度上由每个个体企业的创新水平决定,因此研究微观企业对于制度环境的适应能力和对各种生产要素的掌控能力具有重要意义。对于企业而言,企业家对企业的重要程度不言而喻,企业的高水平和长久发展依赖于企业家精神,市场的繁荣发展也需要企业家精神最大限度的发挥。因此,企业家作为社会中高层次的人才资源和其具备的企业家精神对社会乃至国家的发展至关重要。习总书记曾提出:"市场活力来自于人，特别是来自于企业家，来自于企业家精神。"可见，企业家对一国市场经济的发展，尤其是现阶段的我国而言十分重要，要让企业家精神得到充分发挥，就需要良好的环境。2017 年，国务院印发了《关于营造企业家健康成长环境 弘扬优秀企业家精神 更好发挥企业家作用的意见》(以下简称《意见》)，强调了企业家对于社会健康发展的特殊作用。可见，构造有利于企业家各项活动的环境，激发企业家精神，从而促进企业家更好地为社会服务已是当务之急。《意见》突出强调了企业家精神对于我国社会发展的作用，在我国社会主义经济发展中具有重要意义。

制度经济学研究指出，一国的制度激励能够很大程度上影响其创新水平。打造优质的营商环境对于激发社会和企业的创新潜能至关重要。在企业内部，高管是企业运营管理的代理人，作为企业家精神的践行者，他们在很大程度上决定了企业资源的运用和企业决策的实施，影响企业的发展方向和发展水平。因此，从这个意义上来说，企业的创新水平在很大程度上与高管密切相关。已有研究中缺乏结合制度环境及企业家精神来研究企业高管对企业创新影响。

创新活动不同于一般的企业经营活动，高收益和高风险并存，这一特征使得部分具有风险规避特点的高管望而却步(谷丰等，2018)，然而企业想要持续良性发展，创新是必不可少的(张越艳等，2017)。企业家精神最大限度的发挥，除了需要良好的制度环境，还需要一定的物质激励。通过物质激励，企业家的努力和才干得到应有的回报。依据委托代理理论，恰当的高管薪酬能够缓解委托代理问题，提升高管创新投资意愿，因此，建立合理的激励机制，激发高管的创新潜能，具有重要作用(Gupta et al.，2007)。

　　研究制度环境对企业创新影响的相关文献较为丰富,然而它们大多忽略了高管在其中的重要影响,对于制度环境影响企业创新水平的深层次因素,仍需要深入的研究。对于一个企业而言,其所有的经营活动与所处的制度环境密切相关。环境不同,企业面临的监管和约束也不同,企业制定的高管薪酬成本也随之变化,并影响企业高管激励契约的运用。由此可见,制度环境能够影响高管薪酬,而高管薪酬能够影响企业创新,那么,高管薪酬能够作为制度环境与企业创新之间的传导机制吗?

　　具体而言,制度环境影响企业创新的过程中是否存在传导机制? 高管薪酬能否作为中介效应,实现制度环境通过高管薪酬影响企业创新?(即制度环境如何通过影响高管薪酬并传导进而影响企业创新?)制度环境通过高管货币性薪酬影响企业创新的传导机制是怎样的? 制度环境通过高管非货币性薪酬影响企业创新的传导机制是怎样的? 由于高管薪酬包含多种货币性和非货币性薪酬,制度环境通过高管薪酬影响企业创新的传导机制又是怎样的? 对于这个问题的回答需要系统的理论知识和翔实的实证检验。

　　深入考察制度环境影响企业创新的内在原因,能够从实证检验中为制度环境的相关理论研究提供现实依据,丰富相关研究。与此同时,为中国现阶段制度环境如何助力企业的创新发展提供依据,对弘扬企业家精神,建设创新型国家,促进我国高质量发展具有重大实践意义。

1.1.2　研究意义

　　本研究紧密联系我国鼓励创新创业的时代背景,以企业的高管薪酬视角为切入点,对现阶段制度环境如何通过影响高管薪酬最终影响企业创新这一问题进行深入研究,具体来说具有理论和实践两个方面的意义。

1. 理论意义

首先,推进了制度环境和微观企业行为的研究。突破现有理论研究局限,分析制度环境动态变迁下企业创新行为的变迁。依据新制度经济学理论,企业处于某种特定的制度环境中,企业的各项行为都会受到制度直接或间接的影响。本书对于制度环境与企业创新的研究,有利于深入考察制度环境的影响机理,挖掘制度环境影响企业行为的深层次因素。

其次,探寻制度环境影响企业创新的传导机制。现有关于制度环境与企业创新的研究,往往将制度环境作为调节变量,研究其对创新的影响。通过深层次研究,挖掘制度环境影响企业创新内在机理的研究较为少见,尤其以高管薪酬为切入点来探讨制度环境对企业创新行为的研究十分匮乏。本书的研究将高管薪酬纳入企业外部的制度环境和内部的创新行为,建立制度环境影响企业创新的传导机制。

再次,丰富了高管薪酬契约的相关研究。制度环境很大程度上决定了高管薪酬契约成本,影响其制定和实施过程。目前,从鼓励创新创业的时代背景研究制度环境对高管薪酬契约影响的相关文献较为匮乏。本书深入研究高管薪酬作为中介效应在制度环境与企业创新中的关键作用,拓展并丰富了高管薪酬激励机制研究。

2. 现实意义

第一,从微观视角探寻优化制度环境的路径。改革开放以来,我国一直注重企业的创新力和创造力,然而我国的整体创新水平不高。诸多制度背景因素为微观企业行为研究提供了良好的研究场景。在我国倡导创新的制度背景下,研究其对微观企业创新行为的影响,有利于政府部门更好地优化制度环境,推动创新发展。

第二,凸显高管薪酬契约的重要性。企业家在经济发展中发挥着极其重要的作用,优化企业家物质激励机制,以最大可能地激发企业家积极性和创造性,最大化地提升企业的创新能力和企业价值。企业家和高管的定义存在较多的重合情况,企业所处的制度环境可以通过影响高管薪酬契约的成本,影响高管薪酬契约的运用,进而影响企业创新。因此,企业优化自身的高管薪酬激励,不仅影响企业自身的创新能力,也影响整个社会的创新水平。

第三,为建立现代企业制度、建设创新型国家提供经验依据。创新对企业乃至国家的重要性不言而喻,本书对制度环境与企业创新进行了全面系统的研究,认为制度环境能够影响微观企业的行为和创新,为此,中央及地方各级政府要创造良好的制度环境,发挥引导作用,激发企业家精神,通过影响企业高管的薪酬,达到优化公司治理、推进国家创新发展的目的。

1.2 概念界定

1.2.1 制度环境

新制度经济学指出,制度是一系列被制定出来的法律、规则和秩序等,以支配和制约社会各个阶层的行为,该法律、规则和秩序对社会经济的发展具有重要影响。North(1990a)指出,制度作为游戏规则,是人类个体制定出来的各种限制和约束,制度的内涵非常广泛,但是在实现的形式上,有正式和非正式的区别。前者指书面的、要求强制遵守的规章制度,以及被强制执行的法律法规等;后者指现实生活中不成文的文化、传统和风俗习惯等。

North(1987,1990a)指出,制度之所以被创造出来,很大程度上是因为制度能够构建秩序,减少市场交易中的各种不确定。制度可增强人们彼此之间的依赖与信任,减少交易成本;制度还可以影响信息和知识的创造、收集、分析、确认和传递的过程与效率。制度的规范性在于它能够明晰产权归属、保护产权以及各类契约关系。制度的起源和构建,降低了市场的交易成本,很大程度上促进了经济的发展。然而,某些情况下,制度也会对社会发展形成阻碍。例如,制度可能造成信息不透明、不流通;制度形成的规范标准,若门槛过高,也会造成另一种制度性障碍,如资格审查、层层管制等(刘凤委,2013)。

制度包含两方面内容:制度环境和制度安排。前者包含一系列经济、政治、社会和法律规制,是社会运行的基础。就经济制度环境而言,包含了经济活动相关的各项规则和政策等。制度安排决定着个体、企业等各类经济体的互动方式,即所谓的游戏规则。人们在社会活动中的各种行为与游戏规则密切相关。制度安排是动态的,处于变迁之中;而制度环境更多体现的是某一时间的制度情况。

制度环境是企业在生产和经营过程中面临的一切外部环

境,在这一过程中,市场对市场主体不断地发挥优化资源配置的作用,企业的各种生产和经营决策受到制度环境的深刻影响。在早期的相关文献中,Coase(1960)、Demsetz(1964)、Cheung(1983)、North(1981,1990a)等众多学者均在研究中凸显制度安排的重要意义,然而并未探寻出量化制度环境的路径。自1997年以来,LLSV在其经典研究中将制度因素进行量化,通过将制度环境纳入实证模型,发现了制度环境对公司治理结构、公司价值等影响途径,让学者关注到投资者法律保护这一制度环境的深刻影响。在此基础之上,众多国内外学者对制度环境的研究更加广泛和深远,将制度环境的研究扩展到政府干预、信任、文化等领域。

通过对制度环境相关研究的梳理可知,现有对制度环境的量化研究主要有客观和主观两种方式。国内衡量制度环境的客观方式主要采用王小鲁等(2019)提出的市场化指数,而主观方式则主要采用量表的方式收集数据。量表的制定主要依据Scott(1995)的研究,他通过系统全面的研究,将其具体地界定为规制方面、规范方面和认知方面,以对制度环境进行全面刻画,这种制度环境的衡量方式被广泛运用于社会学研究中。在经济学的研究中,对于我国制度环境而言,被使用最多的衡量方法是王小鲁等(2019)设定并依据某些客观数据计算出的市场化指数,以《中国分省份市场化指数报告》最具代表性,该指数设定较为系统、客观,对于我国企业面临的各类正式的制度环境,该指数较为全面地纳入了研究范围,能够反映某个时间段某个地区制度环境的变化,因此本书同样借鉴该指数展开制度环境的相关研究。

1.2.2　高管薪酬

在研究高管薪酬前,需要了解高管的概念。已有文献对于高管的界定有多重方式,如包含所有的董事会人员、监事会人员和高管人员(Hambrick,1987;陈冬华等,2005);或者是总裁、首席执行官和总经理(刘绪光,2010);或者仅仅指董事长、总经理(冉春芳,2016)。本书依据已有研究,将高管限定为除了董事会和监事会之外的高层管理人员。

企业内对于高管实施的薪酬契约往往具有多种形式,广泛包含了货币薪酬、在职消费等众多契约。不同的公司,高管薪酬的实施方式也不相同,总体而言,根据薪酬的不同形式,一般被区分为显性薪酬和隐性薪酬。对于前者而言,广泛被使用的有年薪、股权激励等。部分企业采用固定年薪,也有相当一部分企业将高管年薪与企业经营业绩直接挂钩,年薪的形式与企业所处的行业和企业从事的生产经营活动息息相关。对于股权激励而言,其形式同样较为多元化,如限制性股票、股票期权等。不同的企业以及不同的行业,其股权激励的方式和程度往往并不相同,股权激励赋予高管部分所有权,能够激发高管的经营热情,从而逐渐被越来越多的企业采用。与年薪和股权激励不同,在职消费的体现方式较为隐性,但即便如此,它往往被视为薪酬激励中的重要一环。在职消费被认为是高管在经营活动中产生的并由企业支付的一系列消费,国外的学者将高管特有的办公室、私人飞机和各类俱乐部等划分为在职消费范畴(万华林,2007)。我国学者甄丽明和杨群华(2014)指出,部分企业高管年薪设定并非完全市场化的,股权激励的程度也相对较低,在这种情况下,高管为弥补自身物质激励的不足,往往非常注重在职消费。可见,在职消费作为薪酬制度的重要组成部分,国内外高管均存在在职消费的现象。

目前理论界关注和实践中实行的主要是年薪、股权激励和在职消费,因此本书在研究高管薪酬问题时,从货币性薪酬和非货币性薪酬两方面进行系统全面考察,前者包含年薪、股权激励,后者主要指在职消费。

1.2.3 企业创新

创新的研究最初兴起于经济学领域。Schumper(1934)对于创新的研究往往被视为创新的开创性研究。Schumper 认为,创新在很大程度上可以归纳为构建了新的生产函数,其中各类生产要素和条件突破原有的各项限制,重新排列组合,最终创造出更多利润。Schumper 指出,创新的内容和形式是丰富多样的,企业用新的方式生产产品、企业研发出了新产品、生产过程中运用新的材料、企业拥有新的市场乃至企业运用新的组织形式等都是创新。对于企业而言,创新带来更多利润。对于国家而言,企业的创新能够带来经济的持续增长(Abramovitz,1956)。

Schumper 的研究指出,企业的创新很大程度上归结于企业家。企业家作为企业日常经营管理活动的领路人,同样是理性的经济人,会争取使用一切合理的方式增加经济收益。对于企业而言,若想获得长久的收益和持续的发展,创新活动不可避免。从某种意义上说,企业的创新很大程度上依赖于企业家,尤其是企业家精神的发挥。企业家精神区别于其他精神的特质在于创新。在企业内部,企业家能够在日常的经营活动中挖掘到他人察觉不到的创新时机,通过各种创新方式,从事一系列与创新相关的各类生产。需要指出的是,企业家和发明家不应被混为一谈,虽然他们的活动都和创新行为密切相关,但是企业家进行创新的目的在于其带来的收益,注重的是物质的产出,而发明家则不同(代明等,2012)。因此对于企业家来说,作为企业经营活动的最高管理者,需要发挥创新这一关键职能,通过发现创新机会,获取潜在收益(Dew 和 Sarasvathy,2007)。

除了 Schumper 的创新定义外,也有学者从其他视角对创新进行了阐述。Henderson 和 Clark(1990)认为,根据创新的规模和创新程度,创新可以分为激进式和渐进式两种。前者的创新程度较高,影响范围广,如企业研发新技术、发明新产品;后者的创新主要在较小范围进行,创新的幅度较小。也有学者认为,创新可以划分为能力延续型和能力破坏型两类,前者主要指对企业的产品、工艺等进行改进,如缩小成本、增加产出、减少时间等;后者主要指新产品和新工艺对旧产品和旧工艺的替代,这类创新的难度更大。

在已有创新的基础上,众多学者从不同的视角对创新的定义展开深层次的研究,创新的含义得以不断发展和丰富。在创新的众多研究中,技术创新的定义与本书创新的研究关系最大,《中国大百科全书》(第二版)将企业技术创新定义为企业使用新的方法、运用新的技术或工艺、提供新的服务、生产出新的产品等。本书在借鉴熊彼特的创新研究以及上述定义的基础上,将企业创新界定为:企业创新是一种为了获得利润最大化,而进行的创造新知识、研究新工艺或技术、生产出新产品的行为。

通过对企业创新的相关研究,我们可知企业创新包含的内容十分丰富,涉及的领域也很广泛,对企业创新进行完整、全面的测度具有一定的难度。现有研究通常从投入和产出两方面对企业创新进行量化。在创新投入方面,由于研发投入的数据可以从企业年报或财务报表中获得,因此众多学者采用研发投入强度和研发投入决策来衡量企业创新(Coles et al.,2006;Chen 和 Miller,2007;Lin et al.,2011)。在创新产出方面,也有众多学者采用专利数量(Argyres 和 Silverman,2004;Lerner 和 Wulf,2007)、新产品销售收入占总资产的比例(Czarnitzki,2005;Cassiman 和 Veugelers,2006)、企业的专利被引用情况(Lerner 和 Wulf,2007)等衡量。鲁桐、党印(2014)及徐悦等(2018)认为,在众多不同行业和不同企业中,企业创新产出的差异较明显,更为重要的是,高管的一系列与创新相关的经营管理行为和企业创新投入关系更为密切,同时,创新的最终产出也会受到各种外在因素的影响。由于本书以高管为切入点,分析其薪酬对创新的作用,因此用创新投入对企业创新进行测度。

1.3　研究思路与内容

1.3.1　研究思路

本书围绕制度环境与企业创新及其传导机制这一主线开展研究,结合倡导企业家精神的创新环境,探寻制度环境影响企业创新的内在路径。本书首先对制度环境与企业创新的相关文献进行梳理,挖掘出制度环境影响企业创新的内在机理,并在对制度环境和企业创新进行实证分析基础上,将中介效应检验纳入研究范畴,进一步对制度环境通过货币性薪酬、非货币性薪酬和高管薪酬三条路径分别作用企业创新进行实证检验,验证所提出的制度环境、高管薪酬与企业创新之间的传导机制。技术路线图如图 1-1 所示。

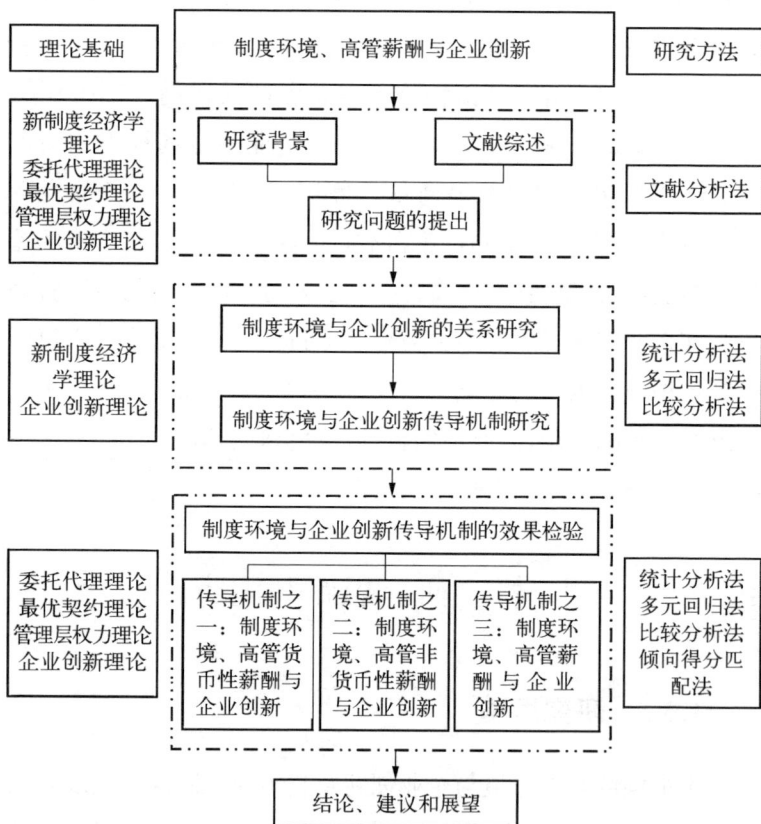

图 1-1 技术路线图

1.3.2　研究内容

关于制度环境与企业创新的研究国内外已有较大进展,但是以高管薪酬为切入点,系统考察制度环境对企业创新影响的研究还较为匮乏,特别是将高管薪酬作为中介因素,研究制度环境影响高管薪酬和企业创新的传导机制较为少见。本书深入分析制度环境对企业创新的影响,并对比分析货币性薪酬、非货币性薪酬以及高管薪酬作为中介效应,在制度环境和企业创新传导机制中的不同影响。本书的各章内容安排如下所述。

第一章绪论,结合我国万众创新的时代背景、弘扬企业家精神的时代特色,以及国内外的背景现状,提出研究的背景、意义,论证研究的现实紧迫性。同时,进行文献研究和资料梳理,对制度环境、高管薪酬和企业创新进行概念界定。基于上述研究,归纳本书的研究思路、研究内容,并阐述研究方法和研究创新点。

第二章理论基础与文献综述。首先,回顾和分析新制度经济学理论、委托代理理论、最优契约理论、管理层权力理论及企业创新理论;其次,梳理制度环境与企业创新关系的研究、制度环境与高管货币性薪酬关系的研究、制度环境与高管非货币性薪酬关系的研究、制度环境与高管薪酬关系研究的相关文献,为后续的规范和经验研究找出切入点。

第三章制度环境与企业创新的关系研究。采用樊纲市场化指数实证检验制度环境对企业创新的影响,并进一步研究制度环境对创新型企业和非创新型企业影响的差异,深入研究制度环境对企业专利申请的影响。此外,对制度环境与企业创新研究进行稳健性检验。

第四章制度环境与企业创新传导机制建立。首先,从理论上分析制度环境和高管货币性薪酬、高管非货币性薪酬以及高管薪酬的关系;其次,阐述高管货币性薪酬、高管非货币性薪酬,以及高管薪酬和企业创新的关系,并对上述影响关系进行实证检验。

第五章制度环境、高管货币性薪酬与企业创新关系的实证研究。首先,分别分析年薪和股权激励在制度环境和企业创新之间的中介效应,并在此基础上分析产权性质差异是否影响这一中介效应;其次,在进一步研究中将总经理、薪酬差距等纳入研究范围,拓展本章研究。

第六章制度环境、高管非货币性薪酬与企业创新关系的实证研究。首先,分析在职消费在制度环境和企业创新之间的中介效应,并在此基础上分析产权性质差异是否影响这一中介效应;其次,在进一步研究中将八项规定、超额在职消费纳入研究范围,拓展本章研究。

第七章制度环境、高管薪酬与企业创新关系的实证研究。首先,通过将年薪、股权激励和在职消费金额总额设定为高管薪酬,分析高管薪酬在制度环境和企业创新之间的中介效应,并在此基础上分析产权性质差异是否影响这一中介效应;其次,在进一步研究中变更高管薪酬的衡量方式,将年薪、股权激励和在职消费的交互效应纳入研究范围,拓展本章研究。

第八章结论与建议。梳理书中各个传导机制研究所得出的结论,展示对研究问题“制度环境如何通过高管薪酬影响企业创新”较为全面的回答。在此基础上,分别提出针对政府和企业的建议,并指出研究的不足及拓展方向。

研究框架图如图1-2所示。

```
                    ┌──────────────────────┐
                    │       一、绪论         │
                    └──────────────────────┘
┌──────────────┐            │
│ 制度环境相关理论 │            │
└──────────────┘    ┌──────────────────────┐        ┌──────────┐
┌──────────────┐    │ 二、理论基础与文献综述   │────────│ 文献综述  │
│ 高管薪酬相关理论 │────│                      │        └──────────┘
└──────────────┘    └──────────────────────┘
┌──────────────┐            │
│ 企业创新相关理论 │            │
└──────────────┘            │
        ┌─────────────────────────────────────────┐
        │  三、制度环境与企业创新的关系研究            │
        │  ┌─────────────────┐ ┌──────────────┐    │
        │  │ 理论分析与研究假设  │ │   实证分析    │    │
        │  └─────────────────┘ └──────────────┘    │
        └─────────────────────────────────────────┘
        ┌─────────────────────────────────────────┐
        │  四、制度环境与企业创新传导机制建立          │
        │  ┌─────────────────┐ ┌──────────────┐    │
        │  │ 制度环境与高管薪酬  │ │ 高管薪酬与企业创新│    │
        │  └─────────────────┘ └──────────────┘    │
        └─────────────────────────────────────────┘
```

五、制度环境、高管货币性薪酬与企业创新的关系研究 **传导机制之一**
理论分析与研究假设 | 实证分析

六、制度环境、高管非货币性薪酬与企业创新的关系研究 **传导机制之二**
理论分析与研究假设 | 实证分析

七、制度环境、高管薪酬与企业创新的关系研究 **传导机制之三**
理论分析与研究假设 | 实证分析

```
        ┌──────────────────────┐
        │   八、研究结论与建议    │
        └──────────────────────┘
```

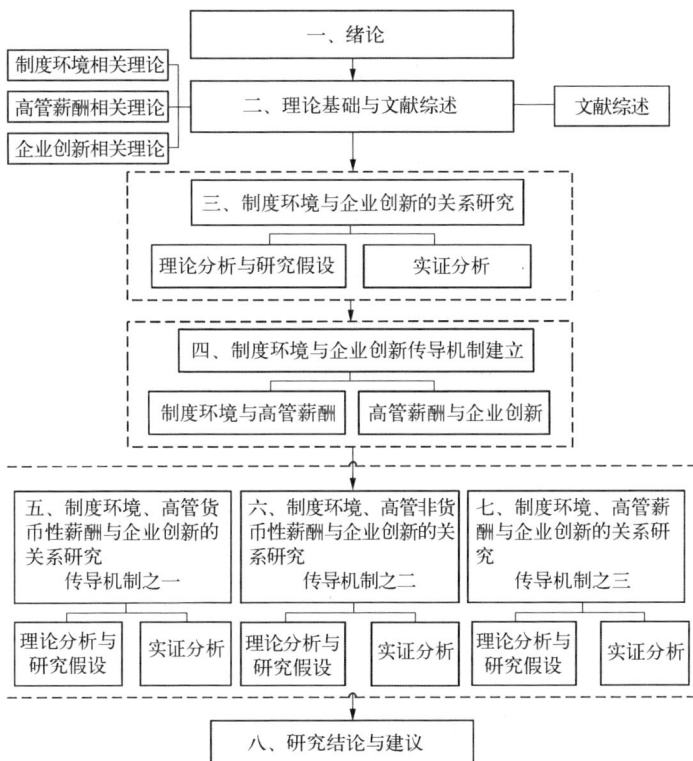

图 1-2 研究框架图

1.4 研究的方法与创新

1.4.1 研究的方法

1. 理论分析方法

通过对文献和资料的研究分析,采用理论分析方法界定制度环境、高管薪酬和企业创新的定义,并通过文献解析三者之间的关系,为传导机制的建立和中介效应的检验打下坚实的理论基础。

2. 实证分析法

在回归分析前通过统计分析对研究内容进行初步梳理,了解研究对象的基本特征。在探讨制度环境与企业创新之间的关系,以及制度环境通过高管薪酬的中介效应影响到企业创新的实证中进行回归分析。对于股权激励的进一步研究则引入倾向得分匹配法进行深入分析。

3. 比较分析法

由于企业的高管薪酬契约多样,探究制度环境的具体传导机制时,对比分析三类传导机制的不同,对比制度环境在不同高管薪酬类型中的不同作用。与此同时,根据企业性质的不同,对比制度环境、高管薪酬和企业创新传导机制的差异。

1.4.2　研究的创新点

第一,建立制度环境与企业创新之间的传导机制。本书在新制度经济学、委托代理理论、企业创新理论等基础上,从理论方面梳理制度环境、高管薪酬和企业创新的内在联系,建立起三者之间的传导机制。之后,通过中介效应检验这一传导机制,验证这一机制的合理性,在很大程度上拓展了制度环境对企业创新的相关研究。

第二,对制度环境如何影响企业的高管薪酬进行深入研究。新制度经济学指出,经济活动中企业采用何种契约与制度环境关系密切,制度环境影响交易成本,从而影响契约的实施。高管薪酬契约是公司治理的重要内容,也在很大程度上受到制度环境的影响。然而,基于制度基础观分析制度环境对高管薪酬的影响的相关研究较少,本书基于相关理论,结合弘扬企业家精神的时代环境,全面探讨制度环境对于高管薪酬的影响。

第三,拓展了高管薪酬的相关研究。公司高管的薪酬契约,是一系列契约的组合。在这一系列契约的集合中,货币性薪酬、在职消费等非货币性薪酬都作为子契约而存在。然而,现有研究考察高管薪酬时,大多仅考察货币性薪酬或仅考察非货币性薪酬,将两种薪酬同时纳入研究范围且分析高管薪酬的研究较少。本书深入剖析制度环境如何影响高管薪酬,并进一步分析制度环境如何通过高管薪酬影响企业创新,扩展了高管薪酬的相关文献,丰富了高管货币性薪酬和非货币性薪酬的相关研究。

第二章　理论基础与文献综述

2.1　理论基础

2.1.1　新制度经济学理论

企业的经营和发展处于开放的环境中,会受到制度环境的制约。制度环境对企业的影响在经济学早期的研究中往往被忽略。随着新制度主义的产生和发展,学者开始注意到制度环境的重要作用,并将其与资源基础理论和交易成本理论归为重要的三个研究理论(Hoskisson et al.,2000)。制度环境的相关理论存在两个不同的发展方向:一类是制度经济学派,另一类是组织社会学派。前者最具影响力的学者是道格拉斯·诺斯(Douglass North),后者的代表人物是 W. 理查德·斯科特(W. Richard Scott)。本研究主要依据前者,从新制度经济学理论角度对本书所要分析的制度环境相关理论展开研究。

新制度经济学理论的特点是在研究中引入了产权和制度,相关的重要研究内容包括产权理论、交易费用理论、制度变迁理论等。根据交易费用理论,企业产生的根源在于减少交易成本。新制度经济学研究指出,企业经营活动中的成本和收益决定了企业的活动安排和契约形式,企业支付的成本除了生产成本还有交易成本。Coase(1937)指出,在市场内进行交易,就会导致交易费用,其遍布于签约、履约、违约中,而企业的创立能够减少交易费用。从这个意义上来说,企业是契约的集合,Jensen和 Meckling(1976)指出,制度对企业内部契约的制定和实施意义重大。对于企业内部各个契约方来说,信任机制在契约中十分重要。就高管薪酬契约而言,所有者根据各类信息衡量高管的工作能力和工作态度,特定环境影响信息的准确性和真实性。制度环境不同,企业所有者获取的信息质量和信息成本不同,其最终选择的薪酬契约也不相同,在很大程度上,制度环境决定着高管薪酬契约的选择(刘凤委,2013)。

Williamson(1991)以 Coase 的研究为基础,深入探究了交易费用。他通过研究发现,实际经济生活中,人并非完全理性,而是有限理性,人在经济活动中会出现机会主义行为,交易费用由此产生。经济各项活动中普遍存在交易成本,Williamson 认为企业是一种制度。Williamson 对于交易成本的研究停留在微观领域,对于宏观的各项制度较少涉及,并且在研究中忽略了制度的动态性特征。

North 对于制度研究,关注的是制度变迁。该理论将企业的内外部制度研究纳入企业管理的研究领域。North(1981)在进一步研究中强调制度对于经济增长的重要作用,并指出重视对个人的激励能够有效促进经济增长。在进一步的研究中,North 指出由于交易成本和委托代理问题,契约在实施过程中会存在各种问题,他建议引入第三方缓解此类矛盾。North 认为,对于经济活动中的人采取一系列激励措施能在很大程度上缓解机会主义问题,降低交易成本。

对企业而言,企业内部的契约安排与其所处的制度环境往往关系密切。面对不同的制度环境,企业内部的契约内容和契约结构往往差异较大,高管的薪酬契约也不例外。传统的微观经济学研究中,通常用生产函数模拟企业的投入产出过程,刘凤委(2013)在制度环境与薪酬合约的研究中,在生产函数的基础上分析了内生于制度环境的生产函数模型,研究发现,企业内部游戏规则的制定与所处的制度环境密切相关。在这一生产函数模型中,假定企业的经营目标是产出最大化。以新制度经济学理论及 Jensen 和 Meckling(1976)的研究为基础,决定企业产出的除了技术、资本和劳动等,还包含企业内部的游戏规则(如惩罚和奖励、激励和约束等),游戏规则会对代理人行为施加影响,最终体现为影响企业的产出。上述思想可以归纳为如下的生产函数:

$$Q = F_R(L, K, M, C: T)$$

其中,Q 为产出,是劳动力(L)、资本(K)和原材料(M)的函数;T 为知识、技术;F 为所有的生产函数,它能够对外部制度环境加以分割,是对应于外部制度规则 R 的一个生产函数;R 为不同的制度环境,环境不同,企业各项经营管理活动面对的制约束缚也不同;C 为企业内部游戏规则,体现的是企业内部契约规则的选择,如股份制或者合伙制、两权分离、薪酬形式等(Jensen 和 Meckling,1979)。上述的生产函数说明,在劳动、资本和技术知识等一系列要素给定的前提下,制度环境可以通过影响企业内部各项规则最终作用于企业产出;对于企业而言,为获得最大产出,会主动选择那些契合制度环境的内部契约。

与其他国家相比,新兴经济体国家面临的非市场化因素较多,这种情况下签约成本、监控成本和履约成本等往往决定了企业内部的组织形式和契约类型。新兴经济体国家的企业需要关注制度环境对其投融资行为等各项经营活动的影响。企业行为很大程度上取决于交易成本,可见,研究我国企业高管薪酬契约问题,需要与我国的经济体制联系起来,更多地考虑制度环境的影响。

2.1.2　委托代理理论

现代公司制的企业,普遍具有所有权和经营权分离的显著特征,出现委托代理问题。由于在经济活动中存在各类信息不对称,委托人难以判断代理人的行为是否以委托人利益最大化为目标,委托代理问题进一步加深。在委托代理活动中,还存在契约不完备、交易费用、有限理性等一系列问题,加剧了委托代理问题。委托代理问题是现代公司治理中普遍面临的问题。

委托代理理论主要关注两方面内容:一是委托代理问题。公司的股东希望管理者将公司的利益置于第一位,但是管理者不是公司的所有者,有自身的利益诉求,管理者更关注的是自身收益,当其自身收益和股东利益需要取舍时,很可能放弃股东利益。二是风险分担。股东是公司的所有者,他们与高管有本质的不同,这种不同会进一步影响他们各自的风险分担和经营决策,高管作为代理人和企业经营决策的实施者,可能会由于风险分担问题损害股东的利益。例如,有风险偏好倾向的高管会进行高风险经营,在这样的情况下,即使经营失败,也会由股东承担相应的后果,而管理者的风险责任被稀释了。委托代理理论认为,之所以会存在委托代理问题,原因在于信息不对称的不可避免以及管理者对自身利益的追求。在企业的经营管理中,所有者将管理任务交给管理者,并支付报酬激励管理者努力工作,但是管理者由于风险不对等和契约不完备,在经营管理活动中会出现道德风险和逆向选择问题。

Jensen 和 Meckling(1976)指出,两权分离的出现使得股东部分利益被管理者侵占,增加了代理成本。这种情况下,若管理者未拥有公司所有权,则其不能获取努力工作带来的超额收益;若管理者持有公司部分所有权,则即使其全力以赴工作也仅能获取部分收益却要承担全部成本。管理者若充分享受在职消费,则可能把个人或家庭消费支出转嫁到企业的日常成本中,管理者即使不努力工作也能享受超额的在职消费,此时企业的财富远远小于管理者积极工作时企业的财富,两类财富的差额就是代理成本的一种。Fama 和 Jensen(1983)进一步研究指出,保护投资人利益的关键是减少代理成本。代理问题存在于委托人与代理人之间以及大小股东之间(Shleifer A. Vishny,1997;La Porta et al.,1999)。委托代理理论关注的是如何最大限度地降低代理成本。本书研究的内容是制度环境、高管薪酬与企业创新的关系,因此主要关注第一类代理问题。

Jensen 和 Meckling(1976)指出,委托代理过程中存在信息不对称、监督成本高昂等问题,现实经济活动中难以判断代理人(即经理人)是否按照股东的意愿,以公司利益最大化对公司进行经营管理。在这种情况下,委托代理关注的重点是如何制定最优的契约以缓解委托代理问题。一般情况下,股东采用监督、激励两种方式缓解委托代理问题。采用监督方式时,股东通常引进独立的第三方核实和约束管理者的行为,然而这种监督方式成本高昂,且未必能达到预期的效果。相较而言,采用激励方式更为有效,成本也较低,因而激励逐渐成为解决委托代理问题时运用得最多的手段。

2.1.3 最优契约理论

最优契约理论是在委托代理理论上发展起来的。现有研究通常认为高管薪酬能够减少委托人和代理人的矛盾、冲突（Jensen和 Murphy，1990）。在这种情况下，最优契约理论最关注的问题是如何建立有效的薪酬契约。

最优契约理论思想是：依据业绩决定高管薪酬，企业业绩越多，高管薪酬越高，因此能在很大程度上刺激高管努力工作，实现高管和股东的利益双赢。这样既能够最大化股东的利益，也能增加管理者的利益，突出薪酬相容约束和参与约束，使得股东和管理层能够明确自身的责任和风险，降低过度激励和激励不足造成的效用损失，最终达到股东和高管互利共赢的目的。

最优契约理论是以达到股东和管理层利益最大化目的为基础的，然而要达到这一目的，使得最优契约能够得以充分实施，需要满足三个条件。

首先，董事会和管理层具有独立性。董事会判断高管是否被录用、核查企业的经营业绩，体现的是股东利益。为最大化股东利益，董事会与管理层彼此之间理应独立。在现实经济活动中，董事会和高管层之间却往往存在着千丝万缕的联系，这是因为，董事会虽然理论上代表股东权益，但是董事会不是股东，董事会有自身的利益诉求，也会为了自身利益损害股东利益，如与高管合谋、共谋，与高管层进行利益交换，制定让高管满意的薪酬契约（Zahac 和 Westphal，1996）。即使董事会舍弃自身私利，由于监督高管的成本高昂以及信息不对称，通过董事会确定的高管薪酬并非完美。

其次,外部市场的监督是有效的。已有的资本市场相关理论认为,对高管行为的激励和约束能够根据股票价格变动来实现。然而,在现实中,当公司由于股价下跌可能被收购时,股东通常不会开除高管,而是与高管一起面对收购危机,这种情况下,高管利益不仅不会受损,还有可能在反收购中获得更高收益。市场监督机制的另一方面,即产品市场竞争,同样未必能发挥作用。这是因为,产品市场的竞争与企业的利润而非高管薪酬关系更大,企业利润分配到股东,再由股东分配到高管的过程中,对公司经营活动的影响甚微(Bebchuk 和 Fried,2004)。可见,产品市场竞争在监督高管攫取私人收益方面的效果非常有限。

再次,股东权力能够得到充分的使用。股东通过对董事会起诉和投票否决股票期权计划对过高的高管薪酬进行制约。然而,现实中,在这两项权利行使的过程中会面临各种问题。例如,当股东起诉董事会设计的高管薪酬存在违规时,往往缺乏证据,且对于违规的判断标准也很难统一,因此操作性较差。又如,投票否决股票期权计划对应的是高管全体成员,对于个别或少数高管攫取私人收益的行为,投票否决股票期权计划并不能起到明显的抑制作用。

可见,最优薪酬契约成立的约束条件在企业的实际经营中难以全部实现。因此,学者们逐渐开始关注高管控制权对薪酬契约的影响作用。

2.1.4 管理层权力理论

通过上述三个最优契约理论实施的先决条件可知,在现实中,最优契约理论并不能得到有效实施,高管存在自定薪酬的条件和能力,有可能为了攫取私人收益,损害股东权益。管理层权力理论认为,在公司治理结构中,高管薪酬受到董事会制约,过大的高管权力往往会促成高管自定薪酬的动机。公司经营中,公司并非完全根据业绩设计高管薪酬,高管很可能利用自身的权力寻租,高管薪酬并不一定能够缓解委托代理问题,更有可能造成更严重的委托代理问题(Bebchuk 和 Fried,2004)。

管理层权力理论的视角下,企业的代理人(即高管)通过利用自身的权力,运用寻租手段攫取超过公平交易方式下的私人收益。在这种情况下,董事会治理能够监督和约束高管滥用职权。根据高管薪酬相关理论,董事会建立的目的在于缓解委托代理问题,达到治理的目的,使得高管根据委托人的利益行事。然而,董事会虽然在企业中作为一个独立的部门,但其发挥公司治理作用的过程中却受到各种制约和影响,其中,企业内部治理机制不完善是影响董事会治理功能的重要原因。在企业内部,若治理结构存在缺陷,会导致董事会不能完全代表企业所有者的利益,最终形成董事会和所有者(即委托人)的代理问题,在这种情况下,董事会与所有者约束高管薪酬目的相背离。在董事会不能起到有效监管高管自定薪酬的情况下,董事会和高管之间存在利益关系,董事会为了自身利益放任高管攫取所有者利益的行为。尤其当高管拥有较大的控制权时,董事会更难以约束高管,进而导致管理者在实际经营活动中自定薪酬,董事会的治理作用进一步被削弱。

上述的董事会治理问题的原因在于:首先,企业所有者和高管间存在信息不对称;其次,对于企业制定的高管薪酬而言,经理人市场更注重企业的经营业绩,而企业的经营业绩往往存在粉饰,难以准确反映高管的能力和努力程度,进一步增加了董事会实施高管薪酬治理的难度。在这种情况下,高管的权力过大,增加了高管为其自身获取私人收益的行为。因此,管理层权力理论在高管薪酬问题的研究中存在一定的解释力,是研究者进行高管薪酬相关领域研究中需要关注的理论之一(Core et al.,2008;Morse et al.,2011;Marisetty 和 Venugopal,2014)。

2.1.5　企业创新理论

"创新"一词最初起源于拉丁语,指的是新思想、新事物的产生和出现。而经济学中,最初关于创新的比较系统的研究则来自美国经济学家 Schumper(1934)的创新理论,他认为创新很大程度上是由企业家完成的。更进一步,他还具体区分了多种不同类别的创新。Schumper 在研究中强调技术与经济的结合,他认为创造新的利润以及更多的利润是创新的目的,若某项发明未取得商业价值则不属于 Schumper 定义的创新。他还特别区别了发明和创新,指出发明是新思想和新观点,创新则与发明有很大的不同,创新需要把发明转化成新的产品。由此可见,在实践中,创新比发明更侧重于经济概念。这种情况下,Schumper 的创新理论为原本只注重成本的企业家提供了新的思路,有助于获取更多利润,最终推动经济增长。

在 Schumper 的创新理论中,企业家特有的企业家精神有利于其获取最大利润。为获取超额利润,企业家努力实现企业创新,在这一过程中,企业家创造新思想、研发新技术、创造经济利润、实现创新,并"毁灭"其他市场占有者,这一创造性与毁灭性并存的"创造性毁灭"是创新的本质,推动着技术进步、提高效率,最终推动经济发展。因此,在创新中,企业家是主体,应该格外注重企业家在经济活动中通过创新对经济活动的巨大影响,企业家能够通过生产过程中促进创新成果、创新思想的转化。

此外,Schumper在创新研究中还强调创新活动对经济周期性增长的作用。他认为,经济是动态发展的,企业在创新过程中通过"新组合"的生产方式达到技术水平的"质变"。这一质变让企业降低成本、提升效率,最终促进经济增长。在企业的创新过程中,大量企业因为创新企业创造的超额利润涌入市场,企业之间竞相模仿,促进经济增长高峰的到来。当市场中的技术无法支撑经济进一步增长时,部分企业选择退出市场,其他的企业家必须用创新的方式维持生存,促进技术取得新的突破,新一轮的创新活动产生,在此基础上,技术进步、效率提高再一次形成新的经济增长周期。

在Schumper提出创新理论的基础上,众多学者对创新的内涵、过程以及影响因素开展了广泛而丰富的研究。例如,Hansen和Birkinshaw(2007)创造性地提出了创新价值链的思想,他们指出创新并非是一成不变的,而是连续的过程,一个创新包含了创新思想的产生、创新思想的转化以及创新思想传播等多个阶段。在创新类型的研究方面,有学者指出,创新包含渐进式和激进式两种(Laursen和Salter,2006)。

在企业技术创新的相关研究中,技术创新通常指的是企业在技术上实现创新、取得突破,企业能够通过技术创新取得巨额收益。企业技术创新在很大程度上受到企业规模的影响,技术创新通常需要企业投入大量的人力资源、物力资源以及财力资源,因此规模越大的企业,其创新资源的投入也越多,创新活动更容易开展。相较而言,小微企业规模小,创新资源匮乏,在创新活动中处于劣势(Arvanitis 和 Stucki,2014)。

除此之外,学者们重点针对制度创新展开了研究。在制度创新的相关研究中,North 是代表性人物,制度创新理论认为,制度能够对技术创新,以及经济发展产生深刻的影响。制度创新理论认为,好的制度能对技术创新产生正向影响,不好的制度环境不利于企业创新。

2.2　文献综述

2.2.1　制度环境与企业创新关系研究

制度经济学的研究中,通常认为制度包含正式和非正式两类,其中,正式的制度有法律、法规等,非正式制度有文化、价值观、道德和信仰等。North(1990)对于制度的研究突出了正式制度对经济发展的影响。制度经济学研究者普遍认为,好的制度环境能够提供市场参与者良好的行为范本、减少交易成本,使得企业家创新有好的预期,能够鼓励企业家创新。薄弱的制度环境会使得企业家从事更多的非生产性行为,而生产性行为的减少不利于企业创新。可见,企业的创新行为深受所处制度环境的影响,一国的法律、法规、政府支持、市场准入条件、政府治理水平,乃至创新精神、创新文化,都会对企业创新产生深刻的影响。

Schumper(1934)指出创新是一种新的生产方式,由企业家发现,企业家采用新的生产方式以"创造性破坏"的形式使得企业达到"创造性积累"的目的。这种能够使企业创新的生产方式中引入了新的生产要素或生产条件,或者将生产要素、生产条件进行全新的组合,进行生产。因此,企业家处于创新理论的核心地位。进一步地,Schumper(1934)指出,在生产活动中,企业家精神非常重要,它决定了经济能否长期增长。在西方经典的经济理论中,企业家精神最重要的特点被认为是创新。企业家创新精神对于一国的经济发展至关重要,那么,影响企业家创新的因素有哪些呢? North(1990;2008)在制度变迁理论中强调,企业家精神的产生和培育与一国的正式制度息息相关,良好的制度环境能够促进一国形成积极的创新文化。企业家精神有多种表现形式,分别发挥于生产性活动、非生产性活动乃至破坏性活动中,并且三类企业家精神的具体发挥依赖于决定企业家物质报酬的制度环境,制度环境影响企业家对于生产性活动或非生产性活动的选择。

这种关于制度环境对企业家精神配置重要影响的观点建立在这样的思路上:好的制度促使企业家在生产性活动领域发挥其才能,对经济增长产生正向影响;不好的制度环境会将企业家推向非生产性活动,甚至诱发企业家进行破坏性活动,不利于经济增长。这种逻辑思路认为,企业家根据制度环境调整自身行为,因此,政府作为制度制定者,其行为就变得非常重要。Boubakri 等(2013)指出,政府为了保证社会就业和稳定的经济增长,往往会干预企业的创新决策。李后建(2013)研究认为,如果政府进行良好的制度安排,产权得到很好的保障、激励约束机制得以很好地实施、司法系统公平公正、权力处于监督之下等,那么,腐败的成本随之提升,企业家寻租的概率随之减小,企业家不再热衷于将资源配置到非生产性的活动中,而是将各种资源配置到生产性活动(如创新)中,从而创造更多的财富。

潘健平等(2015)指出,企业家精神会通过两种方式影响企业创新。首先,企业家勇于承担风险,这与创新具有的风险性相契合。具体而言,创新活动具有很大的不确定性,同时,高风险未必带来高收益,因此,这在很大程度上影响了企业的创新投资水平。然而,一旦企业的某项创新成功,就会带来极大收益,企业借此成为某项产品的寡头,获得超额的垄断利润。同时,高新技术企业常常被各地政府视为优秀的示范企业,政府会给予高新技术企业各项补贴。在这种情况下,创新活动兼具的高风险、高收益性满足了具备企业家精神的管理人员偏好(Hvide,2014),同时,企业家对于高风险、高收益的偏好又使得其提升企业对高风险、高收益的创新投资。其次,企业家常常具备敏锐的洞察力。敏锐的洞察力使得企业家能够发掘创新机会,并投入到生产活动中。企业家的创新活动是有目的、系统化的行为,是在企业家对创新机遇把握的基础上获得的。因此,只有善于发掘创新机会,并在此基础上进行生产和管理的企业家才能推动创新生产,最终提升企业乃至社会整体的创新水平。

已有的正式制度和创新的文献中,主要是知识产权保护方面的研究。已有研究包含两种相互对立的观点:"溢出预防观"和"组织开放观"。后者被 Laursen 和 Salter(2014)称为"开放悖论"。支持"溢出预防观"的学者认为,开放的公司其溢出效应更大,难以保护创新成果。专利许可制度以及知识产权保护均能够让企业获得更多的创新资源,促进企业的专利向产品转化(Park,2008)。知识产权保护能够减少企业创新知识外溢,降低创新租金的损失(Noordhoff et al.,2011;Georgiades,2011;Giarratana 和 Mariani,2014;Buss 和 Peukert,2015)。潘健平等(2015)认为低水平的知识产权保护会降低企业家的创新精神。这是由于产权制度健全的地方,能够促进企业家的创新意愿。产权保护程度弱的地方,企业家的创新成果得不到保护,容易被模仿,这极大地影响企业家创新的积极性,不利于从事生产性活动,使得企业家更多地从事非生产性活动,抑制了企业家创新精神,阻碍企业创新。支持"组织开放观"的学者认为,过于注重知识产权保护可能会增加企业与外部创新资源合作的难度(Laursen 和 Salter,2014)。Foss et al.(2011)研究发现,企业为了从与客户的互动中获益,需要加强内外部的沟通,打破固有的组织边界。此外,Guo et al.(2019)指出,严格的知识产权保护会让企业与其他企业开发的互补发明减少。

作为正式制度的重要一部分,法律环境被认为能够增强投资者保护,改善公司治理水平、提升企业创新能力。然而,我国制度环境与西方国家不同,知识产权保护并不完善,这在政府政策、法律法规上均有体现,因此,企业创新意愿较低(Tang 和 Tang,2012)。缺乏完善的制度,导致专利、版权、合同等得不到保护和执行,由此引发一系列不公平的竞争行为(Li 和 Zhang,2007)。这些方面在中国企业体现得尤其明显,并在此基础上导致产权界定不清等问题(Hoskisson et al.,2000;Park 和 Luo,2001)。潘孝珍和燕洪国(2018)通过分析审计署发布的央企审计的数据,发现只有在良好的法律制度环境中,我国的审计工作才能发挥对创新税收优惠政策的促进作用。

通过上述文献梳理可知,我国的正式制度不完善很大程度上导致了我国创新水平较低的现状。与此同时,一国的社会文化也会对创新产生显著影响。一方面,文化被认为是信念和价值观的集合。社会文化能够在很大程度上影响企业的创新意愿和活动,鼓励创新、对创新失败能够容忍的良好氛围可以促进企业创新,激发企业创新意愿(陈彦斌和刘哲希,2017)。另一方面,创业榜样的示范作用以及企业创新绩效的提高也能够优化一个地区乃至一个国家的创新创业氛围。可见,企业创新行为并非与社会割裂的,它受到社会文化、社会价值的塑造,是一项社会活动(赖敏等,2018)。

此外,一国的政府治理情况也会对企业创新产生影响。换句话说,若一国政府治理水平较低,企业的创新行为也较低。这是因为,当政府治理水平较低时,政府难以为企业的创新活动提供支持,企业的创新成果转化困难重重,企业创新遇到侵权时,难以用法律武器维护自己权益,久而久之,企业的创新潜力和热情受到严重损害(赖敏等,2018)。对于我国的企业而言,由于《中华人民共和国合同法》《中华人民共和国知识产权法》等相关正式制度不完善,使得一些有利于投资者保护的法律法规在实际操作中面临诸多困难,同时,有关于投资者保护的制度安排在实际中也很难落实。我国各地区有关部门对于相关法律的解读和执行也有不同(Zhou 和 Poppo,2010),表现为我国各地区正式制度环境对于企业创新的支持或抑制不同。一般而言,缺乏健全的法制体系和有效的执行机制都会增加社会的交易成本和机会主义行为,最终抑制企业的创新活动。

　　对于个体企业来说,能够通过政治关联或创新获得资源。企业家作为理性的经纪人,为获得资源,会衡量两种方式的成本和利益,若政治关联能让企业获得更多利益同时付出更少成本,企业就会放弃创新。因此,党力等(2015)指出,在企业发展过程中,企业会根据收益和成本决定是寻求政治关联还是从事创新活动。创新具有复杂性、高风险性、巨大不确定性以及高沉没成本的特点,若企业通过政治关联就能轻易获得稀缺的生产要素,从而规避创新的风险,这在某种意义上不利于企业家创新精神的发挥,最终使得全社会缺乏创新精神。例如,一系列的腐败行为会严重影响企业家能力的配置,迫使企业家寻求更多的政治关联,进行一些非生产性活动(Acemoglu 和 Verdier,1998)。腐败活动也会通过故意延迟其公务行为,攫取企业经营带来的盈利(Bai et al.,2014)。Wedeman(2012)指出,腐败是对企业经济的掠夺。

　　国企和政府关系紧密,因此政府制定的制度会在一定程度上干预甚至阻碍非国有经济的发展。非国有企业为了减少制度上的不利影响,会利用寻租等手段建立政企关联以达到获得稀缺资源要素或产权保护的目的。然而,也有学者通过研究发现,腐败活动能够通过使得企业在产权保护薄弱的体制中免于掠夺,从而促进企业的发展(Acemoglu 和 Johnson,2005)。Fisman 和 Wang(2015)指出,政府的一些管制措施对于整个社会来说是有益的,能够降低社会成本。Zhu 和 Zhang(2016)认为,行政审批依据企业所在地区的发展状况制定的。通过行政审批,能够选出合适的企业,降低社会成本(夏杰长和刘诚,2017)。

　　在我国,由于资本市场发育不完善和对稀缺资源的管制(Li et al.,2008),我国企业存在通过关系获得各项生产所需的资源,即政企关系网(Li和Zhang,2007;Sheng et al.,2011)。正式制度不完善,导致政府决定资源的配置,影响我国经济结构,最终影响企业发展(Hillman和Wan,2005)。我国和所有转型经济体国家一样,存在较严重的寻租活动,进而导致部分地区存在较严重的官僚化现象(Aidis et al.,2008)。在官僚化严重的地区,非正式制度能够缓解正式制度的缺失,企业家也会因此转向寻求非正式制度的庇护,降低不健全正式制度导致的高风险和不确定性。但是,由于正式制度缺失导致的企业家这种理性经济人的行为极大地削弱了企业的创新活动,抑制了整个社会的创新意愿和行为。

2.2.2　制度环境、高管货币性薪酬与企业创新关系研究

Schumpeter(1934)指出,企业家精神决定着企业的发展和走向,在某种意义上,它是促使经济不断增长的微观基础。具体而言,在很大程度上,经济发展是一个过程,在这个过程中,企业家不断创新,表现为探寻新生产方式、挖掘新市场、发现新原料,创建新的组织结构,最终生产出新产品。庄子银(2007)提出,对于企业而言,寻租活动能在很大程度上影响生产性创新活动的最终利润,同时,企业家报酬结构是内生的,进一步而言,是由一定的历史条件决定的。在经济活动中,如果寻租活动过多,创新活动的边际生产率相对而言就会减低,同时,会导致生产性企业家的物质报酬流失,而企业家报酬结构具有长期效应。可见,如果一个国家希望提高创新投资水平,提升创新实力,需要在制度环境(如政治、法律、经济和文化)等方面不断创新,制定鼓励创

新的报酬结构,以达到引导企业家将能力配置到生产性的创新活动的目的。在这种情况下,企业才能走出低水平均衡陷阱,向高水平迈进。

曾威(2013)在对创新和企业家精神研究的基础上指出,国有企业的高管在我国经济快速发展的过程中发挥了重要作用。他认为,我国国企高管是企业的高层领导人,根据国家发展战略以及内外部环境制度,规划和执行企业战略,鼓励企业创新发展,在稳定就业方面均发挥了重要作用。国有企业在我国改革开放几十年取得的巨大成功很大程度是国企高管的努力。我国经济的发展常常被认为是宏观制度改革以及市场竞争的原因,但是高管作为企业经营的掌舵者,若国企高管不能积极有效地面对市场竞争以及制度环境的变化,以及不能很好地发挥企业家精神,那么,竞争的环境不可能促成国企改革。在某种意义上,国企的高管是国企改革的核心之一。

我国企业具有一定的特殊性,国企的企业家主要出自党政机关。李玲和陶厚永(2013)认为,国企中的企业家即便创新成功,也并不能获得全部收益,但是,如果创新失败,在很大程度上需要承担后果。这最终导致国企高管的创新热情不高。对于民营企业家来说,长期以来通过模仿创新获得超额利润,他们同样不会热衷于原始创新。因此,我国目前较缺乏企业家创新精神、开拓精神。在这种情况下,我国政府有必要努力打造良好的营商环境,鼓励企业家精神,激发企业家的创新热情,最大限度地提升创新水平。可见,高管薪酬作为企业家精神的重要激励形式之一,对于制度环境影响高管薪酬进而影响企业创新需要进行深入的探讨。

1. 制度环境与高管货币性薪酬

目前关于制度环境与高管薪酬之间关系的研究很大程度上来自新制度经济学中交易成本理论以及委托代理理论的理解。新制度经济学强调，企业的活动不仅与生产成本有关，还与各项交易成本有关。对于企业而言，制度环境影响交易成本，交易成本影响企业相关的一系列契约。这表明制度环境决定企业的各类契约结构，某种制度环境对应着企业的某种契约结构。也就是说，制度是与交易成本息息相关的，制度能够通过影响企业的交易成本最终影响企业对于契约的选择。换句话说，企业会选择契合制度环境的制度安排。企业内施行的各项激励属于制度安排，企业的激励方式则是契约安排，在高管激励的相关研究中，常常称为激励契约。在高管的激励契约中，包含对高管的监督、评价和考量。

结合我国特有的制度环境，政府干预是其最显著的特点（宋文阁和荣华旭，2012）。在这种情况下，国内对于制度环境的相关研究很多是从政府干预的视角展开的，这种研究视角体现了我国特殊的政治经济体制。我国的制度背景体现了强烈的中国特色，对应的企业内部治理结构也与西方国家有很大的不同。我国大部分上市公司是国企，因此，具有股权比较集中的特点。朱德胜和周晓珮（2016）认为，股权过于集中或过于分散，都会抑制企业创新。政府干预的范畴很广，一般认为，政府干预包含了一系列影响经济的政府行为。众多研究表明，在我国改革进程中，企业活动普遍受到政府干预的影响。对于本书研究的高管薪酬问题而言，我国国企高管薪酬激励也不例外。目前我国国企高管薪酬受到企业"经济型治理"和"行政型治理"双重影响，高管薪酬契约由此受到一定的负向影响,导致腐败现象的发生(徐细雄和刘星,2013)。綦好东等(2017)研究了国企在改革进程中面对的动力和阻力,及其对落后激励机制的不利影响。国企高管激励不同于非国企高管激励,面对冗员负担给企业造成的各项损失,政府通过给予高管晋升激励、职务消费等(张敏等,2013)方式补偿,这样一来,高管的真实努力程度不能用会计业绩准确衡量,降低了薪酬契约对会计业绩的正向影响。

此外,随着制度环境的改善、市场化进程的推进,我国的国企由原先的多任务目标逐渐转变为单任务目标,预算软约束的状况逐渐改变,国企被推向市场,开始面对外资企业、民营企业等的竞争。面对竞争激烈的环境,国企为了维持原有的市场份额和提升业绩,国企高管会努力控制成本以及发掘新投资机会(辛清泉和谭伟强,2009)。最优契约理论表明,我国制度环境的改善、市场化改革的推进,能够提升企业内高管薪酬契约和企业业绩的敏感性。薪酬与业绩相关联,在一定程度上促使高管努力工作。然而,若高管付出的努力没有完全转化为薪酬,高管便有可能消极怠工。在这种情况下,为达到激励相容,企业要对高管实施更大程度的激励(Raith,2003)。

陈冬华等(2010)认为,随着非国有经济在经济中比重逐渐提升,一方面,国资委等部门需要管理的公司少了,这种情况下,国资委等部门与国企高管签订薪酬契约时所付出的调查以及监督成本相应减少;另一方面,随着外资企业和民营企业数量的增多,国企高管货币性薪酬的制定有了更多的参考,国企高管货币性薪酬设计的不确定性也会减少,进而货币性薪酬的调查成本、谈判成本随之下降。除此之外,法律环境和中介组织发展也是制度环境的重要组成部分。随着会计师事务所行业的发展,企业业绩的准确性也会提高,减少了显性薪酬成本。陈冬华(2010)经实证分析发现,竞争越剧烈,信息越透明,高管干涉契约的行为越容易被观察到。辛清泉等(2009)在实证研究基础上指出,竞争的市场为企业提供了丰富的外部环境信息,企业业绩能够很好地体现出高管能力和努力水平。例如,市场竞争的加剧,使得市场信息变得透明,股东更容易发现超出高管控制因素导致的企业绩效变动,并拒绝为此支付薪酬(贾凡胜,2018)。

2. 高管货币性薪酬与企业创新

通常而言,相较于日常工作,高管在企业的创新活动中需要投入更多的时间的精力,可见对于高管而言,企业创新活动对其是存在成本的(Bertrand 和 Mullainathan,2003;辛清泉等,2007)。高管是企业股东雇佣的经营者,也是企业经营的掌舵者和资源的实际控制者。Hoskisson et al.(1991)研究发现,对于企业的创新投入,高管担心会对其任职期间的企业业绩造成影响,因而可能会阻碍研发投入和创新的战略决策。进一步地,企业的创新活动需要高管掌握新技能、不停学习,高管仅靠已掌握的技能可能被淘汰。总而言之,高管推进创新活动的顺利实施要付出巨大的代价(Cazier,2011)。

已有的公司治理理论指出,企业的股东能够采用分散投资的方式获得组合收益,但是对于高管而言,其薪酬主要来源于经营的业绩。注重稳定工作的高管为维持现有工作,很可能会拒绝创新行为(Jensen 和 Meckling,1976;Manso,2011)。可见,高管尤其是对于风险厌恶的高管,往往倾向增加短期经营业绩的项目,减少高风险和高不确定性的创新研发活动(Tosi et al.,

2000;Tan,2001)。辛清泉等(2007)研究指出,企业为缓解高管追寻安逸生活,减轻投资不足的现状,应该及时地对高管的才能和努力以薪酬方式进行补偿。因此,对企业高管制定的激励机制有利于高管承担风险,增加创新绩效(Currim et al.,2012)。

在对高管年薪的研究方面,部分国外学者指出,高管年薪作为货币性薪酬主要形式,可以减轻委托代理矛盾以及管理层对于风险的厌恶,提升高管实施风险投资项目的意愿(Coles et al.,2006)。这一发现在研发部门尤其突出,研发部门的高管年薪越高,企业研发支出和专利数量越多(Lerner 和 Wulf,2007)。在国内的相关研究中,大部分认为高管年薪有利于企业创新水平提升,如李春涛等(2010)、陈胜蓝(2011)、林钟高和刘捷先(2012)、马文聪等(2013)、王建华等(2015)。增加高管年薪能明显抑制创新投资不足(李秉祥等,2014)。也有学者得出不同的结论,例如,鄢伟波和邓晓兰(2018)以 2010—2016 年中国上市公司为样本进行研究,提出虽然我国国企高管面临薪酬管制,但其创新活动并未减少。

从短期来看,年薪等薪酬形式能够协同股东和高管的利益,但是从长期来说,股东能够通过多种方式分散风险,这与高管面临的情形有很大的不同,因此高管在经营管理中常常避免高风险但具有净现值的创新项目。Jensen 和 Meckling(1976)研究指出,对高管实施各项长期的薪酬激励,能够促使高管利益与股东利益保持一致,激发高管创新热情。我国学者王姝勋等(2017)通过实证研究指出,随着企业期权激励的增强,企业的创新产出也会增加。在股权激励方面,股权激励的长期性使得高管注重经营目标的长期性进而增强研发支出意愿(Miller et al.,2002)。

Zahra et al.(2000)研究发现,对高管实施的股权激励让高管利益与股东利益相契合,可调动高管的研发热情和经营动力。但是,也有研究得出不同的结论。部分学者认为长期激励促进企业创新(Bryan et al.,2000;Morck et al.,2005;Wu和Tu,2007;陈华东,2016);也有一些学者认为,高管持股比例与企业创新的关系是倒"U"形关系(王文华等,2014;朱德胜等,2016)。

在同时考虑高管年薪和股权激励对于创新影响的研究中,部分学者经实证研究发现,高管年薪的作用显著,股权激励的作用并不显著(邱玉兴等,2017)。然而,也有学者通过实证分析指出,股权激励比年薪的调节效应更加显著(齐秀辉等,2016)。有的学者认为高管年薪和股权激励对创新具有正向影响(王建华等,2015)。有的学者认为高管的长期激励和短期激励与企业创新是倒"U"形关系(苗淑娟等,2018)。还有研究发现,高管短期激励促进企业创新,长期激励和企业创新之间是倒"U"形关系(陈修德等,2015;程翠凤,2018;刘婷婷等,2018)。也有学者得出的结论与上述研究都不同,认为高管不会为了股权收益和年薪收益迎合股东进行创新投资活动(肖虹和曲晓辉,2012)。

2.2.3 制度环境、高管非货币性薪酬与企业创新关系研究

1. 制度环境与高管非货币性薪酬

现有的研究中,对于制度环境对高管非货币性薪酬激励影响的研究相对较少。罗劲博(2013)认为制度环境完善的地方,信息相对透明,企业的高管一般很少为了建立社会关系网络进

行在职消费,在职消费被认为与市场经济背道而驰,是不正当的竞争方式。在政府与市场关系和高管非货币性薪酬激励方面,政府对市场干预越强,企业的政策性负担越重,越有利于政府通过在职消费制约高管。若完全采用货币性薪酬,那么,企业高管很有可能只注重企业的会计业绩,较少承担其他的政策性任务。从这个意义上看,在职消费更有助于政府完成多元目标,在职消费也会更多地被采用(陈冬华等,2010)。众多学者研究表明,政府干预较强的地区,高管的在职消费较多(周玮等 2011;邓晓岚,2011;张敏等,2013)。

在产品市场的发育与高管非货币性薪酬激励方面,有学者指出产品市场竞争能有效缓解管理懈怠问题(Alchian,1950;Hart,1983;Giroud 和 Mueller,2010;Kim 和 Lu,2011;Ammann et al.,2011)。姜付秀等(2009)以及陈红和王磊(2014)研究指出,产品市场竞争的加剧能在很大程度上降低高管的在职消费。进一步地,与国企相比,产品市场对非国企代理成本的影响作用更大。刘志强(2015)在实证分析的基础提出,产品市场竞争的加剧,能在很大程度上削弱总经理权力对在职消费的作用,同时,这种抑制的作用在国企中更加显著。然而,陈晓珊(2016)指出,我国现阶段的制度环境尚不健全,外部市场信息对于公司治理的影响存在信息的"时滞性",产品市场的竞争对于在职消费难以起到立竿见影的作用,并且认为,当企业处于较低的市场竞争环境时,能够显著降低高管的在职消费。

在非国有经济发展与高管非货币性薪酬激励方面,蔡贵龙等(2018)研究认为,非国有股东对于经济的追求促使其非常关注国企高管的工作水平和在职消费等,非国企股东的参与度能够降低国企高管的超额在职消费。王新等(2015)认为,国有企业对于在职消费的规定较为正式,因此与国有企业相较而言,民营企业对于在职消费的约束力较弱,民营企业的高管普遍存在将私人消费归入公司支出的现象,甚至部分民营企业高管将家庭消费归入在职消费。在这种情况下,高管权力越大,个人货币化的报酬与企业在职消费的使用差异就越小。从避税的视角看,企业高管也倾向于提高总薪酬中在职消费的占比。

通过对文献梳理可知,随着制度环境的改善,高管货币性薪酬契约的各项制定和执行成本均有所下降,即高管货币性薪酬的交易成本下降。在制度环境不断优化的过程中,虽然在职消费的交易成本也可能随之减少,但是货币性薪酬交易成本下降得更多。货币性薪酬契约高昂的成本在很大程度上导致了现阶段我国企业中在职消费的广泛运用。因此,当制度环境不断改善,货币性薪酬交易成本减少得更多,导致货币性薪酬契约在整个薪酬契约中被更多地运用(陈冬华等,2010)。

2. 高管非货币性薪酬与企业创新

在职消费与企业高管的年薪和股权激励相比,具有隐蔽性的特点。由于我国现阶段国企高管的薪酬管制较为普遍,同时国企股权激励的实施也非常谨慎(傅颀和汪祥耀,2013),因此,有学者指出隐性薪酬在国企高管激励契约中的重要性日益增加(陈冬华等,2010)。例如,陈冬华等(2005)和陈信元等(2009)指出,面临薪酬管制,高管会通过寻求在职消费进行弥补。Adithipyangkul et al.(2011)认为,在职消费是一项重要的薪酬形式,尤其对于发展中国家而言。

在职消费虽然常常被视为薪酬管制下,国企高管为获得"灰色收入"的替代选择,然而企业能够通过在职消费建立与政府的网络以及与其他利益相关者维持关系。因此,对于在职消费影响的研究尚未取得一致的结论。一方面,有研究指出,在职消费是代理成本的一部分,侵蚀股东利益,对企业股东利益和企业经营都产生不利影响(Hart,2001)。在职消费为高管创造优越的工作环境,促进高管努力工作,但是很可能成为高管为自己攫取私人收益的途径。Berle 和 Gardner(1934)研究发现,股权分散的公司更可能具有高额的在职消费,此时的企业业绩较低,高管在职消费并未促进其努力工作,而是其获取控制权收益的方式,股东资产也因此被侵蚀。Hart(2001)认为,在职消费是否是代理成本,要看在职消费的成本和收益,当成本大于收益时,在职消费属于代理成本,此时高管通过在职消费蚕食公司的资源,损害公司价值。卢锐等(2008)以及林琳和潘琰(2019)通过实证分析发现,随着高管权力增加,高管在职消费也随之增加,公司业绩并没有随之增加,并且在高管权力大的公司,在职消费本质上是高管获得控制权收益的途径,因此对公司业绩没有正向作用。

另一方面,有学者指出,在职消费作为高管薪酬激励的重要组成部分,同样能够对高管起到激励作用,提升公司业绩(Chen et al.,2010)。在职消费的"效率观"支持者提出,在职消费也是一种物质激励,在某种程度上是高管薪酬不可或缺的一部分,与年薪和股权激励之间有互补效应,同样能够发挥薪酬的激励效用,正常的在职消费能够提升高管工作效率(陈冬华等,2005)。尤其是一些在职消费发生在企业和政府官员以及商业伙伴的关系维护上,促进企业获得丰富的社会资源,减少交易成本,最终增加了企业的价值(孙莹,2017)。

基于对在职消费与企业创新活动关系的研究,肖利平(2016)指出,在职消费损耗了企业的创新资源,同时在职消费致使企业家将能力和才能付诸非创新性活动中,不利于企业创新水平的提升。进一步地,过度的在职消费,如自娱类型的消费,往往被高管用在非生产性活动中,是高管蚕食创新投资和创新资源的寻租方式。在职消费虽然可能损耗了公司的创新投入,但是从在职消费被付诸与政府建立关系的视角看,在职消费能让企业获取更充裕的创新补贴,从而提高创新投入水平。然而有研究指出,高管的在职消费即使完全用于政企联系中,也未必能转化为创新产出,这是因为,获得的政府补贴可能挤出了原有的创新投入,因此在职消费并不能提升创新水平。然而,也有学者得出不同的结论,刘张发和田存志(2017)指出,地方国企和民企的高管在职消费可提升创新能力,而央企的高管在职消费不能提升创新能力。

2.2.4 制度环境、高管薪酬与企业创新关系研究

1. 制度环境与高管薪酬

高管薪酬形式多样,企业在制定高管薪酬契约时往往采用多种薪酬的组合形式。制定环境影响高管薪酬契约的交易成本,从而影响薪酬契约的安排,同时,企业也会考虑薪酬契约的安排能否有效激励高管以及提升企业价值,这些都是公司决策中的核心问题。在我国现阶段的制度环境下,国有企业普遍面临"限薪令"等一系列薪酬管制措施,高管年薪没有和市场接轨,同时由于担心国有资产流失,我国实施的股权激励计划也十分

谨慎,在这种情形下,国有企业高层管理者的人力资本定价与国际相比往往较低,因此有学者基于这种现状展开研究,指出在职消费具有一定的合理性(姜付秀和黄继承,2011)。

不同的企业中,高管薪酬结构以及其中的在职消费往往呈现巨大的差别。有学者指出,由于薪酬管制,国企高管的货币性薪酬受到媒体和民众等多方面的监督,高管获得高额薪酬的成本也很高(Williamson,1963)。这种情况下,高管的货币性薪酬往往不会过高,虽然满足了民众的公平心理,但是获得的收益与高管努力程度不成正比,高管会探寻隐秘的收益方式,如在职消费(权小锋等,2010)。相比较而言,地方国有企业面临的薪酬管制相对较小,而且地方国有企业更多的属于竞争性行业,因此地方政府高管偏好获取货币性收益。

随着制度环境的改变,影响高管薪酬契约的各项因素也随之改变(Aharony et al.,2000;Corea et al.,2008)。对于民营企业来说,在良好的制度环境中,企业高管人力资本的价值更容易受到认可,民营企业为了吸收优秀的高管,必然会支付更高的显性薪酬。随着法制环境的健全,经理人的自利行为也会受到更多的制约,投资者权益得到进一步保障,这些均会增加民营企业对于货币性薪酬方式的运用,并减少在职消费的支出。有学者研究指出,随着政府对企业干预程度的下降,会计业绩将能够有效衡量高管的经营能力和投入水平,原有的各项契约调查成本、签订成本等也会减少,原有薪酬结构中在职消费占比高的情况将有所改观(陈冬华等,2010)。

2. 高管薪酬与企业创新

由于高管薪酬是多种薪酬激励协同影响的结果,因此有一部分学者探究了不同高管薪酬组合对企业技术创新的影响。Belloc(2012)认为,公司治理对企业创新的影响研究应该重点关注公司治理的各个维度协同作用对于企业技术创新的影响。徐宁和徐向艺(2013)通过对我国上市公司的数据分析指出,我国企业中高管的年度报酬激励、股权激励以及高管控制权激励,对企业技术创新的影响是协同作用的,并非某种激励方式的单一行为。何玉润等(2015)通过对我国上市公司实证分析指出,产品市场竞争对企业创新的影响在高管年薪和股权激励高时更为显著。谷丰等(2018)运用我国创业板数据,根据企业所处的成长期、成熟期等特点,全面考察高管年薪、股权激励和在职消费对企业创新的共同作用,发现这三种激励均能促进企业创新。

2.2.5　文献总结及评述

制度环境与企业创新的研究中,国内外学者进行了较多研究,但是得出的结论存在分歧。从现有研究看,文献大多指出,法治环境对企业创新具有正面影响。然而,在政府干预与企业创新行为的文献中,部分学者通过研究指出,政府干预有利于资源重新配置,提升创新水平;而有的学者认为,政府干预干扰甚至抑制了企业的创新活动,对创新产生不利影响。从市场竞争视角的研究中,一方面,有学者认为市场竞争提升创新资源配置效率;另一方面,有学者指出企业所处行业的竞争程度过高,企业的创新收益将会减少,表现出"熊彼特效应"。

可见,对于制度环境与企业创新两者之间关系的研究尚需要更深层次的实证验证,现有研究制度环境对企业创新的研究大多仅将制度环境作为调节效应进行研究,没有能够深挖制度环境影响企业创新的内在机制,忽略了高管在其中起到的中介效应和传导作用。

在制度环境、高管货币性薪酬与企业创新方面,现有研究大多指出制度环境会影响企业高管的年薪和股权激励,并且认可良好的制度环境能提升高管货币性薪酬。在高管年薪对企业创新的影响方面,研究大多指出年薪能提高企业创新,但对于股权激励对创新的影响,现有研究得出不同结论。有学者发现两者之间正相关,也有一些学者认为,高管持股比例与企业创新的关系是倒"U"形关系。深入挖掘制度环境如何通过高管货币性薪酬影响企业创新行为的研究较为匮乏。

在制度环境、高管非货币性薪酬与企业创新方面,关于制度环境对高管非货币性薪酬影响的研究,如对在职消费影响的研究相对较少,有的学者认为制度环境改善会降低在职消费的应用,有的研究则得出不同的结论。此外,非货币性薪酬中的在职消费作为我国高管薪酬的重要组成部分,其对企业创新影响的研究较为少见,且已有的研究中,学者对于在职消费对企业创新的影响存在较大分歧,在职消费对企业创新的影响需要深入研究。深入挖掘制度环境如何通过高管非货币性薪酬影响企业创新行为的研究较为少见。

在制度环境、高管薪酬与企业创新方面,现有研究大多只分析某一种激励模式,如年薪激励、股权激励或高管的在职消费,缺乏对高管薪酬激励体系的系统性研究。因此,还需要从货币性薪酬和非货币性薪酬两方面全面深入探究制度环境对企业高管激励的影响,同时,制度环境如何通过影响高管薪酬这一传导机制影响企业创新的研究尚处于起步阶段。

基于现有研究不足,本书以我国特有的制度环境视角,深入分析其对企业创新的影响,以制度环境与企业创新之间内在的传导机制为研究主线,深入挖掘制度环境通过高管薪酬这一中介效应影响企业创新的内在机理。

第三章　制度环境与企业创新的关系研究

3.1　问题的提出与理论分析

3.1.1　研究问题的提出

新制度经济学理论表明,制度激励是一个国家或一个企业创新的决定性因素(Acemoglu et al.,2005)。因此,如何通过改善制度环境增强企业创新实力并最终实现一个国家经济的高水平增长,是亟须解决的问题。我国一直注重企业的创新发展,改革开放至今,政府发布了几百项政策文件,就是希望通过要素供给提升企业的创新能力和创新水平(段忠贤,2017)。然而,我国整体的创新水平依然有限,同时经济增长的质量也不高(张杰和郑文平,2017)。首先,营商环境的改善对于调动全社会的创造力和创新力至关重要。在营商环境的众多构成要素中,制度环境是其重要一环,因此,有必要通过研究厘清制度环境和企业创新之间的关系。其次,企业家精神对技术创新而言至关重要(Schumpeter,1934)。众多学者通过研究指出,经济增长的关键因素应该归因于企业家精神(Simeon et al.,2006；Li et al. 2011；Troilo,2011；Zhang 和 Stough,2013；Mthanti 和 Ojah,2017；Youssef et al.,2018)。同样地,为激发企业家的创新热情和创新潜能,也需要与之匹配的制度环境。这是因为,制度对一国的影响是广泛而深远的,制度影响经济活动中的交易成本和企业家激励(North,1990),最终影响企业家精神的发挥(Baumil,1990;Zhang和Stough,2013)。我国作为新兴经济国家,一方面,处于经济转型的特殊时期,另一方面,面对结构性经济下行的压力,因此,在制度驱动创新的背景下,领导层深刻意识到通过优化制度环境最大限度地调动企业家精神以实现经济高质量增长的重要性。

在制度环境与企业创新的相关研究中,已有文献多集中于某些类型的制度环境(如政治环境、法律环境以及文化信用环境)、部分企业(国有企业、高新技术企业)等。本章基于我国特有的制度环境视角,全面分析制度环境对企业创新的影响,并通过分组检验,研究制度环境对国企创新和非国企创新的显著影响。

3.1.2 理论分析与研究假设

已有的关于创新与经济增长关系的相关研究中,学术界普遍认为创新对于经济增长起到十分关键的作用(Kogan et al.,2017;Akcigit和Kerr,2018)。制度经济学理论指出,一国或者一个地区制度的改善是其经济增长的关键原因。制度经济学派以及在此基础上发展起来的新制度经济学派,均认为一国或者一个地区经济增长的水平取决于其制度环境。学术界也通过越来越多的实证研究发现,一个国家或地区的创新水平决定着其后期经济的增长,因此,越来越多的学者意识到制度对创新创业的重要作用(Acemoglu et al.,2005;McMullen et al.,2005;鲁桐和党印,2015)。新制度经济学派认为,决定创新的关键性因素是制度激励(Acemoglu et al.,2005),这是因为创新包含一系列复杂的活动,不仅包含知识的创新、工艺的创新、最终产品的创新等,同时也涵盖众多的要素投入的价值链,在众多的环节中,制度环境始终占据着关键的角色(余泳泽和刘大勇,2013)。在创新活动中,在一个经济转型的经济体内,制度作为"游戏规则",能够很大程度地影响企业创新的结构、过程、投入以及产出,企业(或产业)资源配置效率的高低受到制度环境的影响。一个良好的制度环境能提供各项创新资源和创新服务中介,刺激市场中的各类主体开展丰富的创新活动(李梅和余天骄,2016)。制度经济学指出,对于企业家而言,如果企业家的行为与所处的环境相契合,良好的制度环境可促使企业家进行生产性经营;相反,则会诱发企业家进行非生产性经营。Hvide 和 Panos(2014)研究发现,企业家经营决策很容易受到政府对企业家创新创业的鼓励程度的影响。因此,新制度经济学派指出,制度是一种激励,能够从根本上鼓励企业创新(Acemoglu et al.,2005)。

众多学者按照新制度经济学的逻辑进行了广泛的研究,指出制度环境的好坏能够对投资者、企业家经营决策产生关键作用,而投资者的投资动机以及企业家的创新意愿等则是决定企业创新的最重要的原因。部分学者基于行政环境、法制环境等方面来阐述制度环境对企业创新的影响机制(徐浩和冯涛,2018)。

在行政环境与企业创新的相关研究中,首先,周黎安(2004)研究指出,改革开放以后,地方政府取得了一定程度的经济自主权,大都推行 GDP 的"晋升锦标赛",这一做法提升了地方政府发展经济的意愿。然而,为了更快地发展经济,地方政府常常实施粗放型的生产经营项目,这些项目不确定性低、易于考核、见效快。同时,地方政府也会采用政策性补偿、土地抵押等方法让这些项目更容易获得贷款。与此形成对比的则是高风险、见效慢的创新项目,这些创新项目虽然长期收益大,但是不确定性也大,其获得外部融资的难度远远高于粗放型项目,这在很大程度上打击了企业家技术创新的热情。其次,部分地方政府为了使得本地区企业得到保护,往往会提高外地企业的进入门槛,这样就大大减少了当地的市场竞争,更为严重的是,长此以往,本地企业就没有动力开展创新活动(贺振华,2006)。除此之外,本地的企业为了维护自身的竞争优势,会持续地加大对粗放型项目的资金供给,而创新部门的研发供给进一步下降,其创新能力和意愿也随之减弱。再次,如果某一地区的行政环境较差,那么,就会出现行政审批环节过多以及寻租严重的情况,这会严重阻碍技术创新的进程,不利于企业家对市场创新机会的把握,打击了他们的创新热情(鲁桐和党印,2015)。反之,良好的行政环境表明政府干预较少,市场竞争力度大,行政效率较高,这些均能够提升企业的创新意愿,有利于企业创新资源的获取。

在法制环境与企业创新的研究方面,首先,如果一个地区的法律保护力度好,那么,投资人就会对创新投资有好的预期,促进投资人参与金融市场。市场中的资金供给将会增大,高风险、高收益的创新项目所面临的融资约束就会得到很大的缓解。其次,创新项目相较于普通的经营项目持续时间更久,这对于投资者而言,判断企业家是否会违约就需要更多的成本。与此同时,创新的高风险性、高失败率也增加了企业家潜在的违约风险,滋生了企业家的违约动机。根据新制度经济学理论,完善的法律环境能够在很大程度上减少投资人和企业家由于利益分歧带来的履约成本(Qian 和 Strahan,2007)。再次,企业家追求巨额利润的特质会被良好的产权保护制度激发出来,随着企业创新活动的增多,企业家为获得竞争优势就会进行持续的创新活动。反之,在法律执行力弱的地区,由于债务人承担道德风险的机会成本很小,投资人的投资风险就会增大,为了补偿高风险带来的损失,理性的投资人会提高利率,最终导致市场上信贷供给的减少。因此,法律环境影响投资者的各项投资决策(如是否投资、投资多少、投何种项目),投资决策会影响一个地区资本市场发展水平,而资本市场的发展水平又会影响企业的融资结构,最终影响企业的内部治理。La Porta et al.(1998)指出,企业的治理结构和水平影响其创新路径和产出。

创新活动具有长期性特征,同时又具有很大的不确定性,虽然企业的创新行为可能为企业带来巨额回报,然而回报周期长,无法带来即期收入。创新的不确定性往往意味着创新的高风险,管理者为了使风险可控需要付出更多的管理成本,因而风险小、周期短的创新项目更容易受到管理者的青睐,这类项目在其任期内就会有明显的投资回报。在此情境下,周期长、风险高的项目就会出现投资不足的情况。民营企业能够采用增加管理者年限或股权激励来缓解上述问题,鼓励企业高管进行更多的创新投入,而国有企业高管的任期很难改变,无法通过上述路径解决问题,这也抑制了国有企业的创新热情。我国的国有企业承担着创新发展的重要使命,是实施创新发展战略的领头人,本研究认为,制度环境的改善,无论对国有企业还是非国有企业而

言,均能够促进其创新水平提高。因此,提出如下假设:

H1：制度环境的改善能够促进企业创新,这种正向影响在国有企业和非国有企业均有体现。

3.2　研究设计

3.2.1　数据来源与变量定义

本章数据研究时段为 2009—2018 年,研究对象为中国 A 股上市公司,筛选过程包括:(1)剔除金融类公司;(2)剔除*ST、ST 以及主要变量缺失的样本;(3)以 1‰ 的水平进行 Winsorize 处理。由此得到 2 862 家样本公司,16 236 个样本量。由于模型中部分数据采用滞后一期处理,最终共有 13 041 个样本量。制度环境数据来自市场化指数,其他数据主要来自 CSMAR 数据库。具体各变量的定义如下所述。

1. 制度环境指标

对于制度环境指标的选取是本书重要的研究内容之一。在对制度环境衡量之前需要对制度环境进行界定并分析其包含的维度。目前研究制度环境文献中,最权威的是 North(1990)和 Scott(1995)。前者认为制度是人为设计的,是为了制约人与人之间的互动行为,可以分为正式和非正式两类。正式制度往往被认为主要体现在政治、法律、经济等方面;非正式制度往往被认为体现在习俗、文化等方面。North 指出,正式制度只占整个制度的一部分,非正式制度虽然不易量化但是在整个制度中同样占据重要地位。以后的学者在此基础上逐渐对制度包含的维度进行了更细致的划分,其中 Scott 的研究最具代表性。Scott 研究指出,制度可以被细分为认知、规范和规制三部分,这三个部分能很好地涵盖人们的社会行为。

正式制度以及非正式制度均被纳入相关的研究范畴中,然而,两位学者对于正式制度和非正式制度的关注度各有不同。从两位学者对于制度环境划分维度的差异可以看出,经济学中对于正式制度更加关注,社会学中对于非正式制度更加关注。

在我国现有关于中国各地区制度环境的度量主要来自市场化水平的研究,其中,以《中国分省份市场化指数报告》(王小鲁等,2019)最具代表性。由于我国幅员辽阔,各地的市场化改革体现了巨大的差异性。为了更细致地探究各地的市场化水平,王小鲁等研究和发展了市场化指数,包含政府与市场的关系、非国有经济的发展、产品市场的发育程度、要素市场的发育程度以及市场中介组织的发育和法治环境,用量化的方法从多维度衡量了我国正式的制度环境情况。国内学者主要采用该指数,或在这一指数的基础上发展了相应的指标以量化制度环境,该市场化指数涵盖了我国制度环境的多方面内容。为检验目标市场制度发展水平是否对企业的高管薪酬及企业创新有影响,本书采用市场化指数量化制度环境质量。由于制度环境演变缓慢,本书借鉴以往文献的做法,用 2016 年数据衡量 2017 年和 2018 年的制度环境。

2. 企业创新指标

现有文献对于企业创新的衡量主要通过投入和产出两种方式。在创新投入方面,主要看研发投入(余明桂等 2016);在创

新产出方面,主要包含专利数量等。鲁桐和党印(2014)及徐悦
等(2018)在企业创新和高管薪酬的相关研究中指出,在众多的
不同行业和不同企业中,企业创新产出差异性明显,更为重要的
是,高管与创新投入的关系更大,创新的最终产出也会受到各种
外在因素的影响。由于本书主要研究高管薪酬对企业创新的影
响,因此从创新投入方面衡量企业创新。

3. 控制变量

除了对制度环境和企业创新进行度量,还采用了影响企业创
新的其他变量,如股权集中度($Top1$)、企业成立年限($Lnage$)、
独立董事比例($Indep$)、企业规模($Size$)、杠杆比率(Lev)、总资
产收益率(Roa)、净现金流(Cfo)、董事长与总经理两职合一
($Dual$)。除此之外,还添加年度及行业哑变量,用以控制年度
及行业固定效应。

具体变量的定义详见表 3-1。

表 3-1 变量的定义

变 量	变量符号	变 量 定 义
制度环境	$Inst$	王小鲁等,中国地区市场化指数评分
企业创新	$Inno$	研发投入/总资产
股权集中度	$Top1$	第一大股东持股/总股数
企业成立年限	$Lnage$	企业年龄的自然对数
独立董事比例	$Indep$	独立董事人数之和/董事会人数之和
企业规模	$Size$	期末总资产的自然对数
资产负债比率	Lev	负债总额/资产总额

续　表

变　量	变量符号	变 量 定 义
总资产收益率	*Roa*	年末净利润/总资产
净现金流	*Cfo*	经营活动净现金流/期末总资产
两职合一	*Dual*	董事长与总经理两职兼任,取值为1,否则为0
行业	*Industry*	按《上市公司行业分类指引(2012年修订)》划分
年度	*Year*	属于当年时取值为1,否则为0

3.2.2　模型设计

企业的研发投入金额一般在年初确定(党力等,2015),因此研发投入很大程度取决于上一年的企业经营状况。本研究中,企业创新水平采用创新投入的滞后一期。综合许玲玲(2015)、江轩宇(2016)、徐浩等(2016)的做法,本章构建模型(3-1)来检验制度环境对企业创新的影响效果:

$$Inno_{it} = \alpha_0 + \beta_1 Inst_{it-1} + \beta_2 Top1_{it-1} + \beta_3 Lnage_{it-1}$$
$$+ \beta_4 Indep_{it-1} + \beta_5 Size_{it-1} + \beta_6 Lev_{it-1}$$
$$+ \beta_7 Roa_{it-1} + \beta_8 Cfo_{it-1} + \beta_9 Dual_{it-1}$$
$$+ \sum Year + \sum Industry + \varepsilon_{it}$$

(3-1)

其中,*Inno* 为被解释变量,表示企业创新;*Inst* 为自变量,表示制度环境,选取企业所在省份上一年的市场化指数作为制度环境的代理指标;α 为常数项;β 为自变量和控制变量系数;ε 为随机误差项;其余变量为控制变量。若回归结果显示制度环境对企业创新的影响系数为正且显著,表明制度环境对企业创新有正向作用,并且在国企和非国企样本中均显著,因此,H1 得到验证。

3.3 │ 实证结果分析与讨论

3.3.1 描述性统计分析

图 3-1 描绘了企业创新中位值和均值的变化趋势,其中企业创新数据为研发投入占总资产比例的均值和中位值。由图 3-1 可以看出,我国上市公司企业创新的均值和中位值在整体上均呈上升趋势,其中均值在 0.02% 与 0.03% 之间波动;中位值在 0.02% 上下波动。

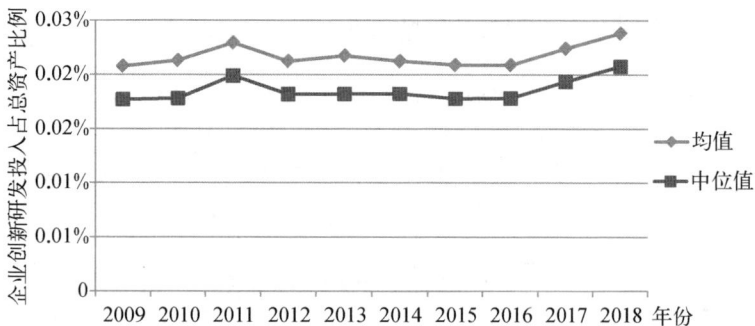

图 3-1　2009—2018 年企业创新均值与中位值变化趋势图

图 3-2 描绘了企业创新均值变化趋势。由图 3-2 可以看出,国有企业的创新投入在 2009—2011 年提升迅速,2012 年起

有所下降,2013—2018 年的创新投入较为平稳;非国有企业的创新投入呈现稳定上升的趋势。

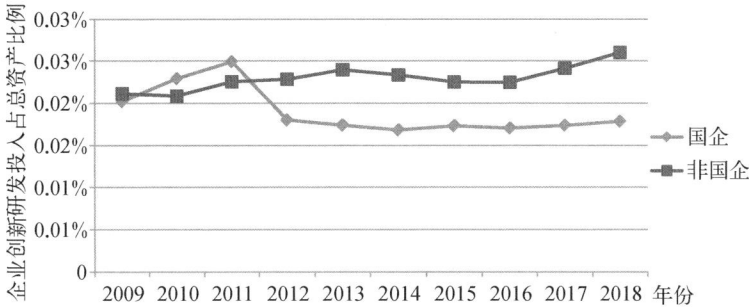

图 3-2　2009—2018 年不同产权性质下企业创新均值变化趋势图

图 3-3 描绘了企业创新中位值变化。由图 3-3 可知,除了 2011 年以外,非国有企业的创新水平在整体上高于国有企业,但是相差不大,两者的创新投入均在 0.02% 左右浮动。

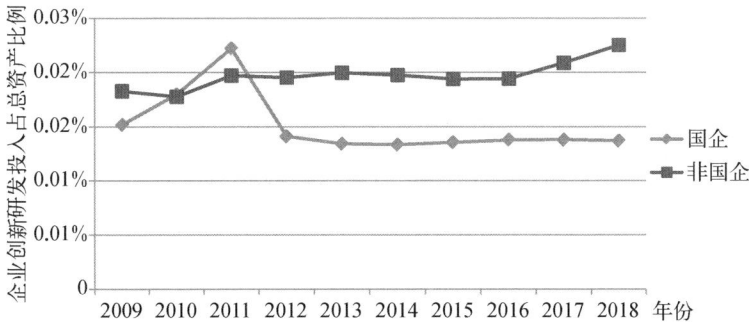

图 3-3　2009—2018 年不同产权性质下企业创新中位值变化趋势图

图 3-4 描绘了制度环境均值和中位值的变化趋势,可以看出,我国制度环境在 2009—2018 年呈现稳步上升的趋势,均值

从 7.08 上升至 8.57,增加了 21.05%;中位值从 7.62 上升至
9.26,增加了 21.52%。

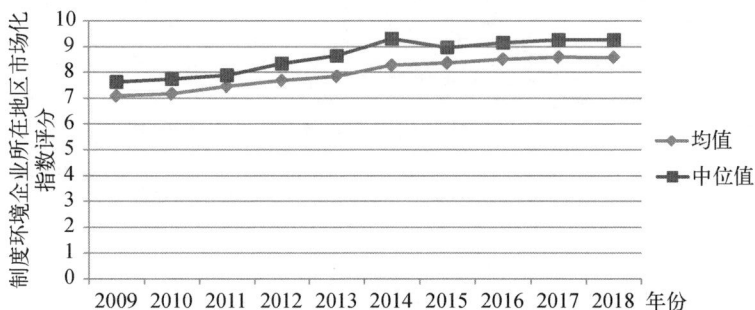

图 3-4　2009—2018 年制度环境均值与中位值变化趋势图

　　表 3-2 为变量的描述性。被解释变量企业创新(*Inno*)的
最大值是 0.096,最小值是 0,企业创新投入差别较大;创新的
中位值是 0.019,可见我国企业创新总体水平不高。制度环境
(*Inst*)均值为 8.210,中位值是 8.890,可见我国制度环境总体水
平较高。其他变量统计的情况详见表 3-2。

表 3-2　主要变量的描述性统计

变　量	N	均值	SD	中位值	最小值	最大值	极差
Inno	16 236	0.022	0.018	0.019	0.000	0.096	0.096
Inst	16 236	8.210	1.647	8.890	3.370	10.000	6.630
*Top*1	16 236	34.517	14.367	32.970	8.770	72.880	64.170
Lnage	16 236	2.672	0.420	2.773	1.099	3.401	2.303
Indep	16 236	0.375	0.053	0.333	0.333	0.571	0.238
Size	16 236	21.959	1.238	21.761	19.930	25.968	6.038

续　表

变　量	N	均值	SD	中位值	最小值	最大值	极差
Lev	16 236	0.386	0.200	0.370	0.046	0.860	0.814
Roa	16 236	0.043	0.053	0.042	−0.187	0.191	0.378
Cfo	16 236	0.044	0.065	0.042	−0.139	0.227	0.366
$Dual$	16 236	0.306	0.461	0.000	0.000	1.000	1.000

3.3.2　相关性分析

表 3-3 是有关变量的相关系数。制度环境($Inst$)与企业创新($Inno$)系数显著为正,说明良好的制度环境能够促进企业创新。这与假设 H1 基本符合。股权集中度($Top1$)、企业成立年限($Lnage$)、企业规模($Size$)、财务杠杆(Cfo)与企业创新($Inno$)显著负相关。企业独立董事比例($Indep$)、净现金流(Lev)、总资产收益率(Roa)和两职合一($Dual$)与企业创新显著正相关。该分析不存在多重共线性问题。

表 3-3　各变量的相关系数表

	$Inno$	$Inst$	$Top1$	$Lnage$	$Indep$
$Inno$	1.000				
$Inst$	0.176***	1.000			
$Top1$	−0.104***	−0.025***	1.000		
$Lnage$	−0.084***	0.064***	−0.082***	1.000	
$Indep$	0.030***	0.030***	0.065***	−0.015**	1.000

续　表

	Inno	*Inst*	*Top*1	*Lnage*	*Indep*
Size	−0.225***	−0.033***	0.165***	0.217***	0.008
Lev	−0.207***	−0.081***	0.059***	0.205***	−0.000
Roa	0.186***	0.071***	0.098***	−0.099***	−0.030***
Cfo	0.088***	0.040***	0.092***	0.042***	−0.015*
Dual	0.102***	0.122***	−0.016**	−0.099***	0.107***
	Size	*Lev*	*Roa*	*Cfo*	*Dual*
Size	1.000				
Lev	0.567***	1.000			
Roa	−0.083***	−0.396***	1.000		
Cfo	0.060***	−0.135***	0.404*	1.000	
Dual	−0.207***	−0.170***	0.076	−0.015	1.000

注：*、**、*** 分别表示10%、5%和1%的显著性水平，下同。

3.3.3　单变量检验

本研究分别以制度环境均值和中位值作为临界值，根据制度环境与临界值的比较情况，分别划分为制度环境水平较高组和制度环境水平较低组，对企业创新进行均值检验和中位数检验分析，结果见表3-4所示。

结果表明，制度环境水平较高组的样本企业创新水平显著大于制度环境水平较低组的企业，且在国企和非国企中均得到类似的结果。检验 *t* 值分别为−15.076、−3.018和−13.517，

表 3-4 企业创新单变量检验

		企业创新(*Inno*)		
		全样本	国 企	非国企
均值检验	制度环境水平较低组	0.019	0.017	0.020
	制度环境水平较高组	0.025	0.019	0.026
	差异性检验	−0.006***	−0.002***	−0.006***
	t 值	−15.076	−3.018	−13.517
中位数检验	制度环境水平较低组	0.017	0.012	0.018
	制度环境水平较高组	0.021	0.015	0.022
	差异性检验	−0.004***	−0.003***	−0.004***
	z 值	−18.686	−3.631	−13.118

在 1% 的水平上显著。中位数检验可见,制度环境水平较高组和制度环境水平较低组中位数具有显著的差异,检验 z 值分别为 −18.686、−3.631 和 −13.118,均在 1% 的水平上显著。

3.3.4 回归分析

表 3-5 报告了制度环境与企业创新的回归分析结果。企业创新是一个缓慢积累的过程,企业创新投入一般在年初决定,因此引入企业创新的滞后一期进行检验。本书在研究中将企业进一步划分为国企和非国企进行分组的检验。

表 3-5 的列(1)表明,在全样本中,制度环境(*Inst*)的系数是 0.116,在 1% 水平显著,可见制度环境对企业创新具有正向影响。列(2)表明,在国企中,制度环境(*Inst*)的系数是 0.101,

表 3-5　制度环境与企业创新回归分析表

	全样本	国　企	非国企
	Inno	*Inno*	*Inno*
	(1)	(2)	(3)
Inst	0.116*** (0.017)	0.101*** (0.030)	0.120*** (0.022)
*Top*1	−0.064*** (0.016)	−0.039 (0.027)	−0.068*** (0.020)
Lnage	−0.105*** (0.020)	−0.123*** (0.044)	−0.097*** (0.023)
Indep	−0.012 (0.008)	0.011 (0.017)	−0.023** (0.010)
Size	−0.138*** (0.022)	−0.162*** (0.043)	−0.125*** (0.027)
Lev	0.010 (0.015 0)	0.022 (0.031)	0.007 (0.016)
Roa	0.076*** (0.009)	0.058*** (0.014)	0.089*** (0.013)
Cfo	0.004 (0.006)	0.012 (0.011)	0.001 (0.008)
Dual	0.020 (0.020)	−0.011 (0.048)	0.025 (0.023)
Constant	0.085 (0.088)	−0.345** (0.152)	−1.002*** (0.140)
Year	控制	控制	控制
Industry	控制	控制	控制
N	13 041	3 721	9 320
R^2	0.181	0.162	0.163

注：括号内为标准误，下同。

在 1%水平显著,说明制度环境与国企创新存在正相关关系;列
(3)表明,在非国企中,制度环境($Inst$)的系数是 0.120,在 1%水
平显著,说明制度环境与非国企创新存在正相关关系。

从表 3-5 可见,制度环境对企业创新具有正面影响,无论在
国有企业还是非国有企业中均是如此,假设 H1 通过验证。

3.3.5 进一步研究

1. 基于企业类型的制度环境与企业创新的关系研究

不同的企业创新投入往往不同,因此,本书根据企业创新投
入情况将企业分为创新型企业(创新投入高于中位值)和非创新
型企业(创新投入低于或等于中位值)。通过前文分析发现,制
度环境会影响企业创新,进一步地,制度环境对企业创新的影响
在创新型企业中还是非创新型企业中的作用更大? 本部分将对
此问题深入探讨。

制度环境与企业创新的分组回归分析结果见表 3-6。制度环
境($Inst$)对创新型企业的影响系数在全样本、国企样本和非国企
样本中的系数分别为 0.058、−0.009 和 0.058,且在全样本和非国
企样本中通过显著性检验。制度环境($Inst$)对非创新型企业的影
响系数在全样本、国企样本和非国企样本中的系数分别为 0.045、
0.039 和 0.045,且均通过显著性检验。通过对创新型企业和非创
新型企业对比分析,制度环境对非国有企业的创新产生更显著的
促进作用。可能的原因是,非国有企业相对于国有企业更缺乏创
新资源,更难以获得技术支持和创新资源,创新资源更为有限,在
这种情况下,制度环境的改善能够使得非国有企业所处的市场环
境更为开放,打破其获取外部资源的壁垒,对其创新的影响更大。

表 3-6　制度环境与企业创新的分组回归分析

	创新型企业			非创新型企业		
	全样本	国企	非国企	全样本	国企	非国企
	(1)	(2)	(3)	(4)	(5)	(6)
Inst	0.058**	−0.009	0.058**	0.045***	0.039***	0.045***
	(0.028)	(0.049)	(0.028)	(0.006)	(0.011)	(0.008)
Top1	−0.030	−0.063	−0.030	−0.019***	−0.024**	−0.015*
	(0.026)	(0.047)	(0.026)	(0.006)	(0.011)	(0.008)
Lnage	−0.083***	−0.091	−0.083***	−0.040***	−0.034**	−0.030***
	(0.028)	(0.063)	(0.028)	(0.007)	(0.016)	(0.008)
Indep	−0.015	0.040	−0.015	−0.002	0.011	−0.013**
	(0.016)	(0.031)	(0.016)	(0.004)	(0.007)	(0.005)
Size	−0.045	−0.072	−0.045	−0.055***	−0.022*	−0.062***
	(0.043)	(0.062)	(0.043)	(0.008)	(0.012)	(0.011)
Lev	−0.010	0.088*	−0.010	−0.033***	−0.027**	−0.032***
	(0.028)	(0.049)	(0.028)	(0.006)	(0.011)	(0.008)
Roa	0.088***	0.126***	0.088***	0.009**	0	0.018***
	(0.022)	(0.030)	(0.022)	(0.004)	(0.006)	(0.005)
Cfo	−0.002	0.042*	−0.002	−0.001	0.004	−0.003
	(0.013)	(0.023)	(0.013)	(0.003)	(0.004)	(0.004)
Dual	0.009	0.021	0.009	0.020**	0.008	0.016
	(0.036)	(0.070)	(0.036)	(0.009)	(0.014)	(0.011)
Constant	0.982***	1.178***	0.982***	−0.836***	−1.031***	−0.924***
	(0.144)	(0.243)	(0.144)	(0.037)	(0.059)	(0.064)
Year	控制	控制	控制	控制	控制	控制
Industry	控制	控制	控制	控制	控制	控制
N	4 477	1 314	4 477	5 579	2 027	3 552
R^2	0.121	0.088	0.131	0.248	0.156	0.211

2. 制度环境与企业创新产出的关系研究

已有关于企业创新的研究，主要从企业的研发支出和专利视角进行衡量。本章的回归分析从研发支出视角研究了企业的创新活动，以专利衡量企业创新，展开进一步的研究。专利包括发明(Pa1)、实用新型(Pa2)和外观设计(Pa3)，因此本部分从上述三类专利申请以及总专利申请(Pa4)的角度衡量企业创新活动，分析制度环境对企业创新的影响。

制度环境与企业创新产出的回归分析结果见表 3-7。数据表明，制度环境对专利中的发明(Pa1)、实用新型(Pa2)以及专利总和(Pa4)的影响系数分别为 0.022、0.035 和 0.030，均显著。制度环境对外观设计专利(Pa3)影响不显著。表 3-7 的结果表明，制度环境的改善可提升企业的发明专利水平、实用新型专利水平以及总专利申请水平。

表 3-7　制度环境与企业创新产出的回归分析

	Pa1	Pa2	Pa3	Pa4
	(1)	(2)	(3)	(4)
Inst	0.022* (0.012 5)	0.035*** (0.011)	0.023 (0.016)	0.030** (0.012)
*Top*1	−0.002 (0.014)	0.022* (0.013)	0.033* (0.017)	0.013 (0.013)
Lnage	−0.024** (0.011)	−0.066*** (0.022)	0.001 (0.016)	−0.039** (0.015)
Indep	0.001 (0.005)	0.015* (0.009)	0.005 (0.008)	0.005 (0.006)
Size	0.196*** (0.034)	0.252*** (0.032)	0.158*** (0.028)	0.245*** (0.03)

	Pa1	Pa2	Pa3	Pa4
	(1)	(2)	(3)	(4)
Lev	−0.008 (0.008)	0.011 (0.009)	0.007 (0.010)	−0.001 (0.008)
Roa	0.007 (0.004)	0.015*** (0.005)	0.029*** (0.007)	0.013*** (0.004)
Cfo	0.005 (0.006)	0.010 (0.006)	0.018** (0.008)	0.010* (0.005 69)
$Dual$	0.011 (0.009)	0.007 (0.020)	0.038** (0.016)	0.012 (0.013)
$Constant$	−0.495*** (0.047)	−0.756*** (0.098)	−0.375*** (0.072)	−0.669*** (0.075)
$Year$	控制	控制	控制	控制
$Industry$	控制	控制	控制	控制
N	13 041	13 041	13 041	13 041
R^2	0.074	0.146	0.061	0.122

3.4 稳健性检验

本章借鉴已有研究,采用研发支出与主营业务收入之比($Inno1$)和研发支出取对数($Inno2$)衡量企业创新水平,重新回归分析以进行稳健性检验(见表 3-8)。结果表明,两种衡量企业创新的方式均通过显著性检验。采用 $Inno1$ 衡量企业创新时,全样本、国企以及非国企中,$Inst$ 的系数分别为 0.061、0.048

表 3-8 制度环境与企业创新的稳健性检验

	Inno1			Inno2		
	全样本	国企	非国企	全样本	国企	非国企
	(1)	(2)	(3)	(4)	(5)	(6)
Inst	0.061*** (0.017)	0.048** (0.022)	0.057** (0.022)	0.110*** (0.015)	0.123*** (0.030)	0.105*** (0.016)
Top1	−0.081*** (0.014)	−0.041* (0.021)	−0.082*** (0.018)	−0.043*** (0.013)	−0.037 (0.025)	−0.036** (0.015)
Lnage	−0.128*** (0.020)	−0.114*** (0.036)	−0.120*** (0.024)	−0.086*** (0.016)	−0.145*** (0.047)	−0.065*** (0.016)
Indep	−0.006 (0.009)	0.012 (0.013)	−0.013 (0.012)	−0.011 (0.007)	0.016 (0.015)	−0.023*** (0.007)
Size	−0.046** (0.019)	−0.072** (0.031)	−0.018 (0.026)	0.557*** (0.018)	0.525*** (0.037)	0.584*** (0.021)
Lev	−0.126*** (0.016)	−0.081*** (0.023)	−0.145*** (0.020)	−0.003 (0.012)	−0.014 (0.025)	0.001 (0.014)
Roa	0.011 (0.009)	0.005 (0.011)	0.014 (0.013)	0.082*** (0.008)	0.044*** (0.015)	0.099*** (0.009)
Cfo	−0.026*** (0.006)	−0.020** (0.008)	−0.026*** (0.007)	0.002 (0.005)	0.004 (0.011)	0.002 (0.006)
Dual	0.047** (0.020)	−0.023 (0.034)	0.056** (0.024)	0.027* (0.015)	−0.030 (0.045)	0.036** (0.015)
Constant	0.206** (0.086)	−0.323*** (0.121)	0.419*** (0.111)	−0.219*** (0.071)	−1.096*** (0.209)	0.059 (0.064)
Year	控制	控制	控制	控制	控制	控制
Industry	控制	控制	控制	控制	控制	控制
N	13 041	3 721	9 320	13 041	3 721	9 320
R^2	0.211	0.176	0.191	0.330	0.307	0.381

和 0.057,且显著。采用 Inno2 衡量企业创新水平,全样本、国企以及非国企中,Inst 的系数分别为 0.110、0.123 和 0.105,且显著。可见,制度环境正向影响企业创新。

3.5　本章小结

本章以新制度经济学理论和企业创新理论为出发点,基于王小鲁等市场化指数,分析制度环境对企业创新的影响。本章的实证研究表明:(1)制度环境越好,企业的创新水平越高。(2)通过深入分析制度环境对国企样本组和非国样本组企业创新的影响,制度环境对于国有企业和非国有企业创新均有促进作用。(3)通过研究制度环境对创新型企业和非创新型企业的不同影响,发现制度环境对非创新型企业的影响更为显著。(4)从专利的视角分析制度环境对三类专利及其总和的影响,发现制度环境能显著提升企业的除了外观专利外的其他专利申请水平。

本章的研究结论表明:一方面,好的制度环境能够提升企业创新水平,验证了制度环境对企业行为的影响;制度环境对不同创新类型的企业创新影响具有差异性,拓宽了制度环境与企业创新行为之间的理论研究。另一方面,在我国转型经济背景下,政府应大力优化宏观制度环境,例如,进一步加大对企业的融资支持,从政策上予以支持以及搭建产业联盟平台等各种方式减少企业在创新活动中的不确定性;大力推动企业技术创新的产业化,激发企业的创新热情和活力。

第四章 制度环境与企业创新传导机制建立

4.1　问题的提出

在第三章中,良好的制度环境提升企业创新水平得到了一定程度的证实,那么,制度环境是如何影响企业创新的? 换言之,制度环境影响企业创新的传导机制是如何形成的? 张三保和张志学(2014)指出,现有制度环境与企业创新的相关研究中,常常忽略高管的重要性。通过高管薪酬视角,深入挖掘制度环境影响企业创新的内在机制较为匮乏。

本章将在制度环境相关理论、高管薪酬相关理论与企业创新相关理论的基础上,归纳制度环境与高管薪酬、高管薪酬与企业创新之间的关系,深入探究制度环境影响企业创新的作用机理,并在此基础上构建制度环境与企业创新之间的传导机制。通过理论梳理发现,制度环境影响高管货币性和非货币性薪酬,高管货币性和非货币性薪酬影响企业创新。基于此,本章构建制度环境通过高管薪酬作用于企业创新的传导机制:制度环境通过高管货币性薪酬影响企业创新、制度环境通过高管非货币性薪酬影响企业创新、制度环境通过高管薪酬影响企业创新。制度环境与企业创新传导机制构建是本书关键的理论基础。本章的研究内容主要从理论上建立制度环境与企业创新之间的传导机制,从实证上检验制度环境与高管薪酬之间的关系,以及高管薪酬与企业创新之间的关系,为后面章节对于传导机制的实证检验提供基础。

4.2 制度环境与高管薪酬

根据制度经济学理论,制度通常分为正式和非正式两种,前者指正式的法规、合约等,后者包含文化、道德、习俗等(North,1990a)。制度是博弈规则,通过设计激励机制约束组织内参与者的行为,并能够减少不确定性和机会主义带来的交易费用。进一步研究中,学者指出,影响企业经营管理活动除了生产成本还有交易成本,后者很大程度上取决于制度环境。考虑到成本收益问题,企业会根据交易成本决定各项契约,其中包含高管薪酬契约。因此,研究高管薪酬问题需要结合企业所处的制度环境,企业根据制度环境调整自身的制度安排。吕长江和赵宇恒(2008)认为,管理者激励是众多制度安排中的一种,对应的契约安排则是如何对管理者实施激励,管理者激励的具体方式通常被称为激励契约。本章基于制度经济学理论和高管薪酬相关理论,深入挖掘制度环境各个方面对高管薪酬的影响。

4.2.1 制度环境与高管货币性薪酬

不同类型的企业家活动会造成不同的经济影响。企业家的生产性活动对经济增长产生正向影响,企业家的非生产性活动对经济增长产生负向影响。Murphy et al.(1991)研究发现,企业家对经济发展有重要作用,社会中也从来不缺少企业家,然而企业家精神的配置并非一成不变,企业家精神也并不总在生产性活动中发挥,如果企业家精神没有合理发挥,企业家的才能倾注于破坏性生产活动中,那么将危害社会的经济。企业家以何种形式发挥他们的才能,是由游戏规则决定的,其中重要的一项是企业家物质报酬结构。

已有的关于制度环境与高管薪酬间关系的研究很大程度上来自新制度经济学中交易成本理论以及委托代理理论的理解。刘凤委等(2007)根据新制度经济学的基本原理以及最优契约理论,通过对我国公司数据的实证检验,从政府干预和产品市场竞争程度两个视角分析我国的制度环境如何通过影响会计业绩有效性进而影响管理者薪酬。他们认为,政府干预降低薪酬业绩间的关联度,通过会计业绩衡量管理者努力和能力的方式将不再适用,它提高了以业绩为基础设计管理者薪酬的交易成本。可见,企业面临的外部环境在潜移默化中影响了其内部治理,如高管薪酬。廖红伟和徐杰(2019)研究指出,高管薪酬激励作用的发挥很大程度上受到政府干预的影响。刘凤委(2013)从政府干预、市场竞争程度和关联交易三方面分析制度环境对公司会计业绩度量和经营者薪酬、解聘关系的影响。

在竞争环境下,经验证据方面的相关研究表明,随着竞争的日益激烈,高管的激励强度也会加强。竞争的市场让经理人市场更加规范,管理者的工作能力和企业的业绩挂钩,通过对企业利润进行衡量,就可以以此为基础监督和评价高管的工作水平(林毅夫和李周,1997)。反之,当市场竞争并不充分时,企业的经营业绩和高管工作水平之间的关系变得不确定,在这种情况下,准确衡量高管努力程度的成本就会较高。同时,随着市场竞争激烈,市场中要素的流动性也会加强,高管所处的外部竞争加剧,使得高管努力工作并减少其干涉薪酬契约的攫取私利的行为(贾凡胜,2018)。

随着法律环境的优化,市场中投资和会计等中介机构也将逐步完善。在这种良好的环境下,专业机构会在股东对高管的监督中或设计薪酬契约中发挥应有的作用,高管的运气薪酬随之相应减少。一方面,法制环境的优化提升了对高管的监督效率,能够更有效地监督和惩罚高管的一系列自利行为,高管为自己攫取私人收益的问题得到缓解,股东的资产得到保护,减少代理问题。同时,随着对高管监督和惩罚措施的规范,高管干预薪酬设计的行为也会有所减轻。另一方面,随着中介等专业机构的完善,公司获取信息的能力随之增强,有利于公司有效识别出并非由高管努力产生的业绩,并使公司拒绝为此类业绩支付报酬,高管的运气薪酬随之减少(贾凡胜,2018)。

4.2.2 制度环境与高管非货币性薪酬

现有的研究中,对于制度环境对高管非货币性薪酬激励影响的研究相对较少。由于市场化进程水平能够较全面地反映某一地区市场配置经济资源的效率和效果,因而也是反映制度环境的一个重要方面。罗劲博(2013)在实证研究中指出,在职消费对企业价值的影响既有正向的,也有负向的,需要将其他因素纳入研究范围深入探究在职消费对企业的最终影响。万华林(2007)认为,在职消费的研究应该与公司的内外部治理联系起来。学者一般认为,企业的外部治理机制能够通过制度环境或市场化水平很好地反映出来。地区市场化水平越高,人为等主观因素对资源的配置就越低,市场对资源的配置则会越高。在这些地区,高管不会采用以建立社会网络、获取社会资本为目的的在职消费,并且这些地区的信息较为透明,在职消费很可能被视为与平等、公正市场环境相悖的不正当竞争行为,同时,政府的干预程度也会降低。由此可见,市场化水平高的地区对于高管薪酬设计的各项成本(如调查成本、谈判成本、实施成本等)都会减少,换句话说,制度环境越好,高管货币薪酬的交易成本就越低,出于节约成本的考虑,企业更加倾向于货币性薪酬,由在职消费减少导致的交易成本降低,企业会减少对其的使用(陈冬华等,2010)。反之,制度环境较薄弱的地区,政府干预往往较多,市场中企业的契约意识薄弱,人为干预资源配置的情况时有发生,公司的信息透明度也较低,同时这些地区的经理人市场往往不发达,缺乏有效的针对高管的激励约束机制,公司的高管职位呈现"固化"特点,丧失高管的淘汰机制。同时,高管职业声誉的约束机制也难以发挥作用,在多种环境条件的影响下,高管通过控制权攫取收益的行为增加,容易发展为"掠夺之手",攫取和侵蚀股东利益,在这种情况下,在职消费成为高管的不二选择。因此,在制度环境较薄弱的地方,高管的在职消费更多(罗劲博,2013)。

4.2.3 制度环境与高管薪酬

高管薪酬激励包含的形式多样,企业在运营过程中,对于高管的激励往往不会只采用一种方式,通常多种激励方式并用。例如,对于年薪、股权激励和在职消费,企业常常会根据其所根植的制度环境和企业自身经营情况以及高管工作水平采用灵活多样的方式激励高管。若企业所处的制度环境好,高管货币性薪酬契约的交易成本随之减少,从成本收益的角度看,货币性薪酬契约的成本降低,企业支付给高管的年薪等众多的薪酬形式均会相应提升。制度环境的优化,使得高管的勤奋工作能很大程度地体现在公司的业绩上,企业的经营业绩与高管年薪紧密相关,经营业绩好,高管年薪增加。制度环境的优化,能促使公司的股权激励制度得到优化,激励高管努力工作,而高管的努力工作最终转化为公司股价的上升,高管也能从股权激励中获取正当的利益。制度环境的改善,会提高企业高管的在职消费水平。因为随着制度环境的改善,公司整体的运营能力和运营状况将有所好转,企业能够有充足的资金用于高管的日常在职消费,对高管而言,其工作状况好转、工作环境优化、工作中遇到的阻力变小,其工作水平和工作效率将提高,最终转化为企业的价值,这又会进一步提升高管的年薪和股权激励水平,形成良性循环。我国学者的研究也证实,随着制度环境优化,高管的货币性和非货币性薪酬均增多(陈冬华等,2010)。

相反,制度环境不佳时,企业实施显性薪酬契约的各项交易成本均会上升,出于成本收益的考虑,企业会减少货币性薪酬的实施,高管的年薪也因此减少。因此,企业所在地区的制度环境会很大程度地影响高管的年薪水平。不利的制度环境会影响企业对于高管的股权激励。制度环境薄弱,股权激励制度缺乏制度支撑,最终导致股权激励难以形成规范的模式,无法起到对高管的激励作用。由于股权激励作用有限,难以调动高管的工作热情,最终体现在公司业绩上,这将进一步影响高管的年薪和在职消费。薄弱的制度环境对高管在职消费同样有影响。有学者指出,制度环境薄弱的地区,在职消费随之增多,因为企业为了维护各种社会关系以更好地经营,会产生大量的支出,这个环节是高管在职消费的重灾区(Heng 和 Warfield,2005)。但是,有其他学者指出,民营企业由于多为家族企业,对于聘请的高管会监督其在职消费,所以民营企业高管的在职消费处于可控范围(罗劲博,2013)。对于国企,我国领导层注重对于国企高管在职消费的约束,相关措施近年逐步完善,较少出现超出常规的巨额在职消费情况。

因此,提出如下各项假设:

H1: 制度环境的改善提升了高管薪酬。

H1a: 制度环境的改善提升了高管的年薪。

H1b: 制度环境的改善提升了高管的股权激励。

H1c: 制度环境的改善提升了高管的在职消费。

4.3　高管薪酬与企业创新

众多的研究表明,创新是一个国家实现长期经济增长的关键要素。不同的国家创新水平往往千差万别,除了创新要素投入的影响外,创新水平与国家的制度环境密切相关。完善的制度环境能够激发企业家精神,引导企业家将才能发挥于生产性的经营活动中。庄子银(2007)指出,国家长久的经济增长过程中,高水平的创新必不可少,而一个国家创新水平的高低与企业家的报酬结构密切相关。因此,为了实现最终的经济增长,国家需要优化一系列的政治、经济、法律以及文化环境,设计和实施激励企业家创新的报酬结构,这能够在很大程度上鼓励企业家精神更多地运用于生产性的创新活动,提升一国的创新水平和经济增长率,使经济发展迈入中高端水平,实现经济的长期增长和人民生活水平的持续提高,最终实现建设创新型国家的总体目标。

4.3.1 高管货币性薪酬与企业创新

代理理论表明,制定和实施恰当的薪酬契约能够抑制各类代理问题,契约激励能够缓解高管风险规避行为,因此合理的高管薪酬对企业创新有重要意义(Gupta et al.,2007;Currim et al.,2012)。在实际的经济活动中,高管在企业中获取的报酬主要是短期薪酬,而短期薪酬又在很大程度上由短期内企业的业绩决定,这导致高管对于高风险和高度不确定性的创新项目积极性不足。在这种情况下,股东往往选择加强高管激励的强度来增加其风险承担意愿和能力。张越艳等(2017)研究指出,薪酬激励解决了高管对于创新风险的后顾之忧,促进高管将能力发挥在创新项目上,这有利于企业的长久发展,使得高管和股东的利益同时得到保障。股东通过对高管激励,如年薪、期权激励、职务消费、晋升机制等,保障高管的薪酬水平不会因为创新失败而大幅减少,有利于高管全身心地投入创新活动,增加企业创新投入和项目的成功率。近年来,关于高管货币性薪酬激励对企业创新作用的研究日益增多(徐宁和徐向艺,2012;鲁桐和党印2014),但视角和结论并不一致。

已有关于高管货币性薪酬与企业创新之间的关系研究较为丰富。Cheng(2004)在对上市公司研发数据和高管薪酬数据实证分析的基础上发现,高管薪酬对创新投入的正向作用一般发生在企业业绩低或高管临近退休时。Bryan et al.(2000)、Wu

和 Tu(2007)的研究指出,高管拥有的股权越多,企业的研发投入也越大。李春涛和宋敏(2010)以我国制造业为例,分析不同所有制企业高管薪酬与创新投入关系,发现 CEO 的货币性薪酬能够显著提升企业创新投入。陈树文和刘念贫(2006)、张显武和魏纪泳(2011)以中小板上市公司为例,发现有技术背景的高管分配的股权越多,企业的研发支出越多。林钟高和刘捷先(2012)在对 A 股上市公司数据实证分析的基础上发现,企业高管薪酬对资本化后的研发支出具有正向影响,这一现象在研发支出费用化强度较低的公司更显著。

4.3.2 高管非货币性薪酬与企业创新

在职消费的"代理观"认为,在职消费是隐性激励的一种,为高管高效率工作提供了良好的条件,但是高管很可能出于自身效用最大化目的,利用自身职权提升在职消费水平,以攫取更多的私利。Berle 和 Gardner(1934)研究发现,在股权分散且高管分配的股权较少的公司,高管倾向于创造更多的在职消费,在这种情况下,高管在职消费并未转化为企业价值,而是增加了高管获得控制权的动机,蚕食了公司的各项资源和资产,股东利益严重受损。Hart(2001)通过研究指出,当高管在职消费的成本大于其带来的收益时,在职消费演变为代理成本的一部分,是高管攫取公司资产的方式之一,损害了公司的价值。卢锐等(2008)研究发现,高管权力越大、地位越高,其在职消费也会越多,但是高昂的在职消费并没有转化为公司绩效的提升。同时,高管权力大的企业,在职消费增加了代理成本,是一种寻租方式,对公司业绩没有正向作用。肖利平(2016)指出,在我国的战略性新兴产业中,在职消费是与高管权力挂钩的,这种高管权力由其所处的行政级别获得,级别越高,在职消费就越多,这种情况下的在职消费实际上是与权力直接相关的私人收益。作为理性的经济人,高管为了获得更多的私人收益,会努力符合短期考核的目标以实现晋升并获得更多的权力。由此可见,从这种角度看,在职消费与年薪等薪酬有很大的不同,并不是依据高管工作水平支付的酬劳,而是企业额外支付的代理成本。高昂的职务消费常常被高管用于非生产性活动中,损耗了公司的创新资源,不利于企业创新。

然而,效率观认为,在企业正常经营管理情况下,在职消费可以提高高管的工作效率(陈冬华等,2005)。一方面,在职消费具有激励作用,理性的经济人会为获得更多的激励,提升自身工作水平,企业业绩得以提升(Chen et al.,2015)。谷丰等(2018)指出当公司业绩提高时,高管的才能和努力能够获得股东等的赞赏,作为一种回报,股东会主动授予高管更多的在职消费。另一方面,创新能够让企业获得长久的发展,高管为了自身效用的提升也会增加企业的研发投资,企业创新能力提高。孙莹(2017)认为企业的在职消费支出中,很大一部分是用于与政府和商业伙伴建立并维持关系网,这使公司能获得更多的稀缺资源,同时降低公司的交易成本,增加公司用于企业创新的资源。近年来,我国政府发布了一系列引导企业在职消费正向影响的政策,在这些政策的影响下,高管自娱性的消费减少,企业的在职消费呈现提高高管工作效率的影响。

4.3.3　高管薪酬与企业创新

高管薪酬包含多样的激励形式,但是大部分研究仅仅考察了某一种薪酬形式对创新的影响,全面系统考察高管薪酬与企业创新的影响的文献较为少见。肖利平(2016)以中国上市公司为样本,发现虽然企业对于高管实施的年薪和股权激励均能够促进高管的研发投入,但并不具有统计上的显著性,但是,在职消费与企业创新投入显著负相关。孙莹(2017)将研究目标定位于战略性新兴产业,研究发现,企业给予高管的年薪、股权激励和在职消费对企业研发投入均具有显著促进作用。谷丰等(2018)将研究样本设定为创业板公司,从企业发展的各个时期的视角进行研究,发现无论是采用年薪,还是股权激励,抑或是在职消费,对高管实施的激励机制均可提高企业创新投入,并且由于我国创业板公司本身的高风险性,创新水平不高,对高管实施激励可以有效促进企业创新。

因此,提出如下各项假设:

H2:高管薪酬提升了企业创新水平。

H2a:高管的年薪提升了企业创新水平。

H2b:高管的股权激励提升了企业创新水平。

H2c:高管的在职消费提升了企业创新水平。

4.4　实证研究

4.4.1　研究设计

1. 数据来源与变量定义

本章数据样本与第三章相同,共 16 236 个样本量,2 862 家

样本公司。回归过程采用数据滞后一期,最终共有 13 041 个样本量。变量定义如下:

(1) 关于高管货币性薪酬,本书采用高管年薪和股权激励。参照罗宏等(2016)、何玉润等(2015)的研究,用薪酬最高的前三位高管薪酬除以总资产衡量高管年薪;用高管持股数占总股数的比例衡量股权激励。关于非货币性薪酬,本书主要研究在职消费。参照 Luo et al.(2011)和权小锋等(2010)的研究,使用管理费用中剔除董事薪酬、监事薪酬、高管薪酬和无形资产摊销等之后的金额衡量在职消费。由于制度环境对企业创新的影响存在时滞性,因此本书采用创新的滞后一期数据进行实证分析。

(2) 制度环境变量和企业创新变量与前文相同。借鉴尹美群等(2018)、徐悦等(2018)的研究,控制变量为股权集中度($Top 1$)、企业成立年限($Lnage$)、独立董事比例($Indep$)、企业规模($Size$)、资产负债比率(Lev)、总资产收益率(Roa)、净现金流(Cfo)、董事长与总经理两职合一($Dual$)。相关变量的定义见表 4-1。

表 4-1 变量的定义

变　　量	变量符号	变　量　定　义
制度环境	$Inst$	王小鲁等人中国地区市场化指数评分
企业创新	$Inno$	研发投入占总资产比例
年薪	Pay	薪酬最高前三位高管年薪总额/总资产
股权激励	$Comp$	高管持股数/总股数
在职消费	$Perk$	管理费用中扣除董事、高管及监事会成员薪酬、长期待摊费用以及当年无形资产摊销额等后取对数

变　量	变量符号	变　量　定　义
股权集中度	$Top1$	第一大股东持股总数/总股数
企业成立年限	$Lnage$	企业年龄的自然对数
独立董事比例	$Indep$	独立董事人数之和/董事会人数之和
企业规模	$Size$	期末总资产的自然对数
资产负债比率	Lev	负债总额/资产总额
总资产收益率	Roa	年末净利润/年末总资产
净现金流	Cfo	经营活动净现金流/期末总资产
两职合一	$Dual$	董事长与总经理两职兼任时取值为1,否则为0
行业	$Industry$	按《上市公司行业分类指引(2012年修订)》划分
年度	$Year$	属于当年时取值为1,否则为0

2. 模型设计

为了检验制度环境对高管薪酬的影响,本书建立模型(4-1)至模型(4-3)。同时,为了验证高管薪酬和企业创新关系,建立模型(4-4)至模型(4-6)。

$$Pay_{it} = \alpha_0 + \chi_1 Inst_{it-1} + \chi_2 Top1_{it-1} + \chi_3 Lnage_{it-1}$$
$$+ \chi_4 Indep_{it-1} + \chi_5 Size_{it-1} + \chi_6 Lev_{it-1}$$
$$+ \chi_7 Roa_{it-1} + \chi_8 Cfo_{it-1} + \chi_9 Dual_{it-1}$$
$$+ \sum Year + \sum Industry + \varepsilon_{it}$$

$$(4-1)$$

$$Comp_{it} = \alpha_0 + \chi_1 Inst_{it-1} + \chi_2 Top1_{it-1} + \chi_3 Lnage_{it-1}$$
$$+ \chi_4 Indep_{it-1} + \chi_5 Size_{it-1} + \chi_6 Lev_{it-1}$$
$$+ \chi_7 Roa_{it-1} + \chi_8 Cfo_{it-1} + \chi_9 Dual_{it-1}$$
$$+ \sum Year + \sum Industry + \varepsilon_{it}$$

$$(4-2)$$

$$Perk_{it} = \alpha_0 + \chi_1 Inst_{it-1} + \chi_2 Top1_{it-1} + \chi_3 Lnage_{it-1}$$
$$+ \chi_4 Indep_{it-1} + \chi_5 Size_{it-1} + \chi_6 Lev_{it-1}$$
$$+ \chi_7 Roa_{it-1} + \chi_8 Cfo_{it-1} + \chi_9 Dual_{it-1}$$
$$+ \sum Year + \sum Industry + \varepsilon_{it}$$

$$(4-3)$$

$$Inno_{it} = \alpha_0 + \gamma_1 Pay_{it} + \gamma_2 Top1_{it-1} + \gamma_3 Lnage_{it-1}$$
$$+ \gamma_4 Indep_{it-1} + \gamma_5 Size_{it-1} + \gamma_6 Lev_{it-1}$$
$$+ \gamma_7 Roa_{it-1} + \gamma_8 Cfo_{it-1} + \gamma_9 Dual_{it-1}$$
$$+ \sum Year + \sum Industry + \varepsilon_{it}$$

$$(4-4)$$

$$Inno_{it} = \alpha_0 + \gamma_1 Comp_{it} + \gamma_2 Top1_{it-1} + \gamma_3 Lnage_{it-1}$$
$$+ \gamma_4 Indep_{it-1} + \gamma_5 Size_{it-1} + \gamma_6 Lev_{it-1}$$
$$+ \gamma_7 Roa_{it-1} + \gamma_8 Cfo_{it-1} + \gamma_9 Dual_{it-1}$$
$$+ \sum Year + \sum Industry + \varepsilon_{it}$$

$$(4-5)$$

$$Inno_{it} = \alpha_0 + \gamma_1 Perk_{it} + \gamma_2 Top1_{it-1} + \gamma_3 Lnage_{it-1}$$
$$+ \gamma_4 Indep_{it-1} + \gamma_5 Size_{it-1} + \gamma_6 Lev_{it-1}$$
$$+ \gamma_7 Roa_{it-1} + \gamma_8 Cfo_{it-1} + \gamma_9 Dual_{it-1}$$
$$+ \sum Year + \sum Industry + \varepsilon_{it}$$

$$(4-6)$$

4.4.2 实证结果

1. 描述性统计

图 4-1 给出了 2009—2018 年企业高管年薪均值和中位值的变化趋势。高管年薪依据企业中高管前三位薪酬总额占总资产的百分比衡量。由图 4-1 可知,在样本期间内,企业高管年薪呈现波动的趋势,其中均值在 0.07%—0.09% 波动;中位值在 0.05%—0.08% 波动。

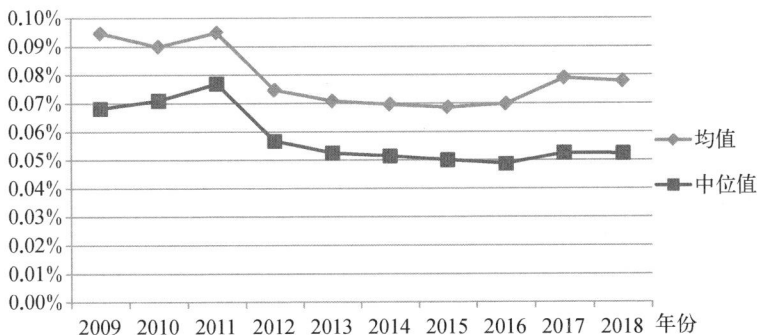

图 4-1 2009—2018 年高管年薪均值与中位值变化趋势图

图 4-2 描绘了国企和非国企高管年薪的均值变化趋势,从均值的角度,整体而言,非国企的高管年薪比国企的要高。2018

年非国企高管年薪为 0.09％（年薪/总资产）左右，国有企业高管
年薪约为 0.04％。

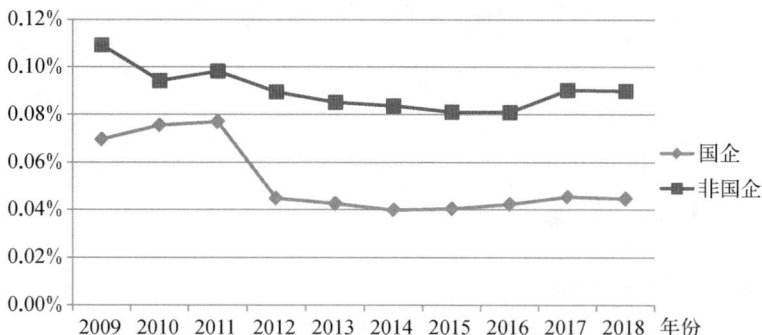

图 4-2   2009—2018 年不同产权性质下高管年薪均值变化趋势图

图 4-3 描绘了国企和非国企高管年薪的中位值变化趋势，
从中位值的角度，整体而言，非国企的高管年薪比国企的要高。
2018 年非国企高管年薪为 0.065％（年薪/总资产）左右，国有企
业高管年薪约为 0.025％。

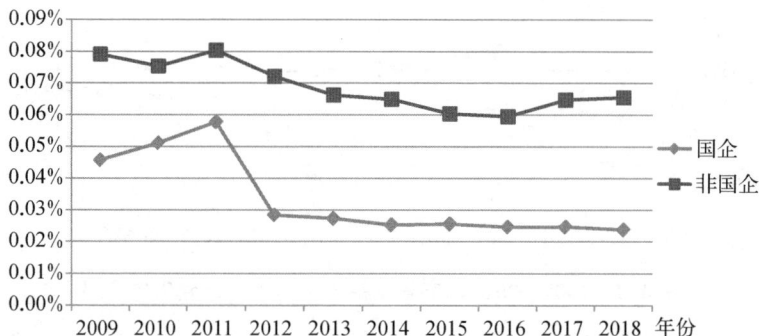

图 4-3   2009—2018 年不同产权性质下高管年薪中位值变化趋势图

图 4-4 描绘了高管股权激励均值和中位值变动趋势。可见,股权激励均值强度明显高于中位值,股权激励均值在 8%—16%,股权激励中位值在 0%—7%。

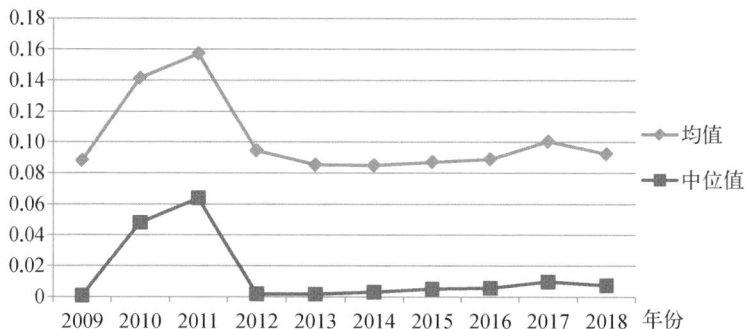

图 4-4 2009—2018 年高管股权激励均值与中位值变化趋势图

图 4-5 描绘了国企和非国企高管股权激励均值变动趋势。从均值角度看,非国企高管股权激励强度明显高于国企,非国企高管股权激励的均值在 12%—20%,国企高管股权激励的均值在 1%上下。

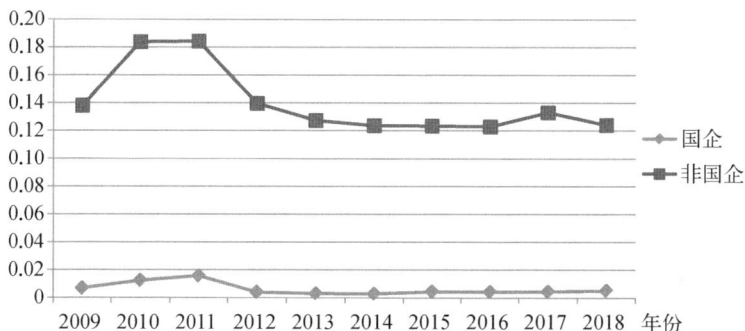

图 4-5 2009—2018 年不同产权性质下高管股权激励均值变化趋势图

  图 4-6 描绘了国企和非国企高管股权激励中位值变动趋势。从中位值角度看,非国企高管股权激励强度明显高于国企,非国企高管股权激励的中位值为 2%—14%,国企高管股权激励的中位值几乎为 0。

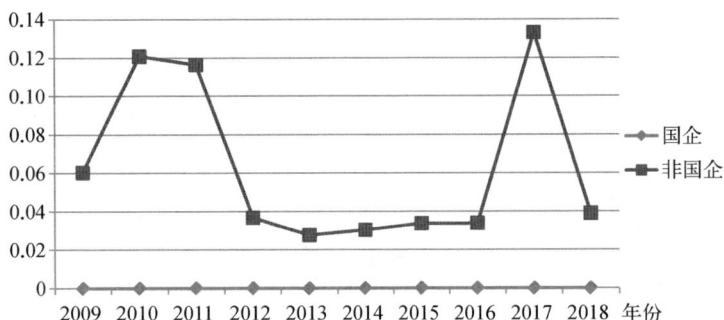

图 4-6 2009—2018 年不同产权性质下高管股权激励中位值变化趋势图

  图 4-7 描绘了企业高管在职消费均值和中位值的变化趋势。在样本期间内,高管在职消费的均值和中位值呈现稳步上升的态势,并且高管在职消费的均值高于中位值。均值在此期间由 18.114 攀升至 19.210,中位值从 17.901 攀升至 19.069。

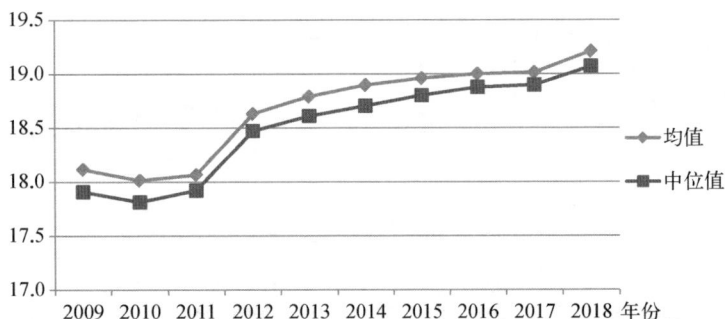

图 4-7 2009—2018 年高管在职消费均值与中位值变化趋势图

图 4-8 给出了 2009—2018 年国企和非国企高管在职消费的均值变化趋势。可见,国企和非国企高管在职消费均值总体上均逐渐上升,国企高管在职消费高于非国企高管在职消费。2018 年,国企高管在职消费约为 20(管理费用取对数),非国企高管在职消费约为 19。

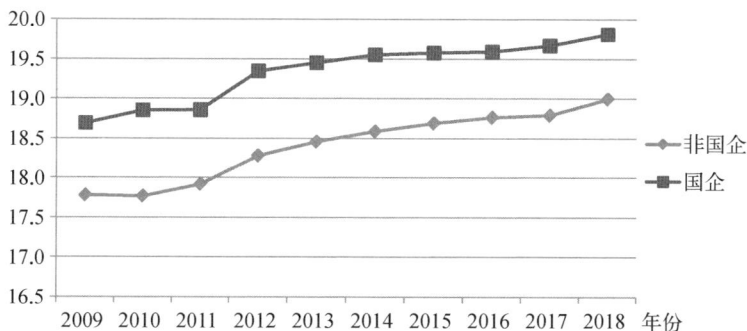

图 4-8 2009—2018 年不同产权性质下高管在职消费均值变化趋势图

图 4-9 给出了 2009—2018 年国企和非国企高管在职消费的中位值变化趋势。可见,国企和非国企高管在职消费中位值总体

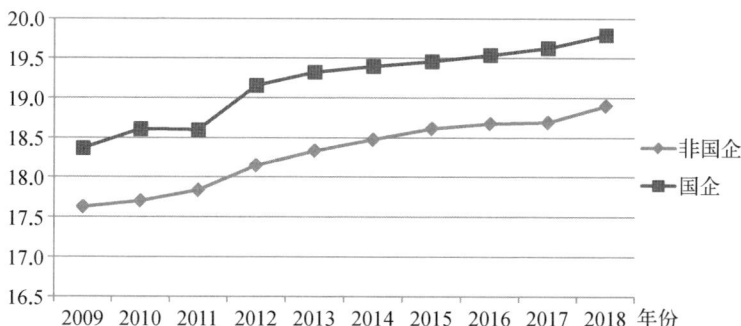

图 4-9 2009—2018 年不同产权性质下高管在职消费中位值变化趋势图

上均逐渐上升,国企高管在职消费高于非国企。2018 年,国企高管在职消费约为 20(管理费用取对数),非国企高管在职消费约为 19。

表 4-2 为主要变量的描述性统计。被解释变量企业创新(Inno)的最大值是 0.096,最小值是 0.000,企业创新投入差别较大,同时其中位值是 0.019,可见我国企业创新总体水平不高。高管年薪(Pay)最大值是 0.004,最小值是 0.000,可见我国企业高管年薪差距较大。股权激励(Comp)最大值是 0.633,最小值是 0.000,可见我国企业的高管股权激励差距较大。主要变量统计的情况详见表 4-2。

表 4-2 主要变量的描述性统计

变量	N	均值	SD	中位值	最小值	最大值	极差
Inno	16 236	0.022	0.018	0.019	0.000	0.096	0.096
Inst	16 236	8.210	1.647	8.890	3.370	10.000	6.630
Pay	16 236	0.075	0.001	0.001	0.000	0.004	0.004
Comp	16 236	0.009 6	0.157	0.006	0.000	0.633	0.633
Perk	16 236	18.761	1.150	18.621	16.484	22.270	5.687
Top1	16 236	34.517	14.367	32.970	8.770	72.880	64.170
Lnage	16 236	2.672	0.420	2.773	1.099	3.401	2.303
Indep	16 236	0.375	0.053	0.333	0.333	0.571	0.238
Size	16 236	21.959	1.238	21.761	19.930	25.968	6.038
Lev	16 236	0.386	0.200	0.370	0.046	0.860	0.814
Roa	16 236	0.043	0.053	0.042	−0.187	0.191	0.378
Cfo	16 236	0.044	0.065	0.042	−0.139	0.227	0.366
Dual	16 236	0.306	0.461	0.000	0.000	1.000	1.000

2. 相关性分析

表 4-3 是各变量相关系数。由此可见,制度环境(Inst)与企业创新(Inno)显著正相关,说明制度环境的改善促进了企业创新;制度环境(Inst)与高管年薪(Pay)显著正相关,说明制度环境的优化能够增加企业高管的年薪;制度环境(Inst)与高管股权激励(Comp)显著正相关,说明制度环境的优化能够增加企业股权激励;制度环境(Inst)与高管在职消费(Perk)显著正相关,说明制度环境的优化能够增加高管在职消费。在高管薪酬与企业创新方面,高管年薪(Pay)与企业创新(Inno)显著正相关,说明增加高管年薪能够促进企业创新;高管股权激励(Comp)与企业创新(Inno)显著正相关,说明增加股权激励能够促进企业创新;高管在职消费(Perk)与企业创新(Inno)显著正相关,说明增加高管在职消费能够促进企业创新。可见,假设1、假设 2 基本符合。

表 4-3　各变量相关系数表

	Inno	*Inst*	*Pay*	*Comp*	*Perk*	*Top*1	*Lnage*
Inno	1.000						
Inst	0.176***	1.000					
Pay	0.297***	0.143***	1.000				
Comp	0.164***	0.144***	0.248***	1.000			
Perk	0.070***	0.036***	−0.485***	−0.280***	1.000		
*Top*1	−0.104***	−0.025***	−0.110***	−0.029***	0.133***	1.000	
Lnage	−0.083***	0.064***	−0.096***	−0.197***	0.216***	−0.082***	1.000

续　表

	Inno	*Inst*	*Pay*	*Comp*	*Perk*	*Top*1	*Lnage*
Indep	0.027***	0.030***	0.022***	0.100***	0.010**	0.065***	−0.015***
Size	−0.225***	−0.033***	−0.637***	−0.326***	0.868***	0.164***	0.217***
Lev	−0.207***	−0.081***	−0.430***	−0.288***	0.483***	0.058***	0.205***
Roa	0.186***	0.071***	0.184***	0.148***	−0.021***	0.098***	−0.099***
Cfo	0.088***	0.041***	0.069***	−0.030***	0.130***	0.092***	0.042***
Dual	0.101***	0.122***	0.178***	0.507***	−0.177***	−0.016***	−0.099***

	Indep	*Size*	*Lev*	*Roa*	*Cfo*	*Dual*	
Indep	1.000						
Size	0.008	1.000					
Lev	−0.000	0.566***	1.000				
Roa	−0.030***	−0.083***	−0.395***	1.000			
Cfo	−0.015*	0.060***	−0.135***	0.404***	1.000		
Dual	0.107***	−0.207***	−0.170***	0.076***	−0.015*	1.000	

另外,股权集中度($Top1$)、企业成立年限($Lnage$)、企业规模($Size$)、资产负债比率(Lev)与企业创新($Inno$)显著负相关；独立董事比例($Indep$)、总资产收益率(Roa)、净现金流(Cfo)、两职合一($Dual$)与企业创新($Inno$)显著正相关。

3. 多元回归分析

表 4-4 报告了制度环境与企业高管年薪的回归分析结果。本书在研究中将企业划分为国企和非国企进行进一步分组的检验。列(1)表明,在全样本中,制度环境($Inst$)的系数是 0.070,

表 4-4 制度环境与企业高管年薪的回归分析

	全样本	国 企	非国企
	Pay	*Pay*	*Pay*
	(1)	(2)	(3)
Inst	0.070*** (0.013)	0.064*** (0.020)	0.070*** (0.017)
*Top*1	−0.001 (0.013)	0.008 (0.016)	−0.031* (0.018)
Lnage	−0.015 (0.019)	−0.116*** (0.041)	0.022 (0.021)
Indep	−0.006 (0.008)	0.000 (0.009)	−0.012 (0.010)
Size	−0.607*** (0.021)	−0.437*** (0.028)	−0.713*** (0.030)
Lev	−0.035*** (0.013)	−0.043** (0.022)	−0.026* (0.016)
Roa	0.033*** (0.010)	0.039*** (0.011)	0.035*** (0.013)
Cfo	0.029*** (0.006)	0.012 (0.009)	0.036*** (0.008)
Dual	0.014 (0.020)	−0.010 (0.026)	0.027 (0.024)
Constant	−0.011 (0.063)	−0.054 (0.098)	0.056 (0.087)
Year	控制	控制	控制
Industry	控制	控制	控制
N	13 041	3 721	9 320
R^2	0.477	0.527	0.444

在1%水平显著,可见,制度环境对高管年薪具有正向影响,换言之,随着制度环境的改善,高管年薪也会随之增加。列(2)表明,在国企中,制度环境($Inst$)的系数是0.064,在1%水平显著,说明制度环境与国企高管年薪存在正相关关系,换言之,随着制度环境的改善,国企高管年薪也会随之增加。列(3)表明,在非国企中,制度环境($Inst$)的系数是0.070,在1%水平显著,说明制度环境与非国企高管年薪存在正相关关系,换言之,随着制度环境的改善,非国企高管年薪也会随之增加。

表4-5报告了制度环境与企业高管股权激励的回归分析结果。本书在研究中将企业划分为国企和非国企进行进一步分组的检验。列(1)表明,在全样本中,制度环境($Inst$)的系数是0.054,在1%水平显著,可见制度环境对高管股权激励具有正向影响,换言之,随着制度环境的改善,高管股权激励也会随之增加。列(2)表明,在国企中,制度环境($Inst$)的系数是-0.001,并未通过显著性检验,说明制度环境与国企高管股权激励不存在相关关系,换言之,随着制度环境的改善,国企高管股权激励不会随之增加。列(3)表明,在非国企中,制度环境($Inst$)的系数是0.041,在5%水平显著,说明制度环境与非国企高管股权激励存在正相关关系,换言之,随着制度环境的改善,非国企高管股权激励也会随之增加。

表4-6报告了制度环境与企业高管在职消费的回归分析结果。本书在研究中将企业划分为国企和非国企进行进一步分组的检验。列(1)表明,在全样本中,制度环境($Inst$)的系数是0.045,在1%水平显著,可见制度环境与高管在职消费显著正相关,换言之,随着制度环境的改善,高管在职消费也会随之增加。

表 4-5　制度环境与企业高管股权激励的回归分析

	全样本	国　企	非国企
	Comp	*Comp*	*Comp*
	(1)	(2)	(3)
Inst	0.054*** (0.014)	−0.001 (0.003)	0.041** (0.020)
*Top*1	0.018 (0.014)	−0.009*** (0.002)	0.023 (0.020)
Lnage	−0.145*** (0.022)	−0.041*** (0.011)	−0.112*** (0.026)
Indep	0.005 (0.010)	−0.001 (0.001)	0.009 (0.014)
Size	−0.155*** (0.017)	−0.006 (0.004)	−0.158*** (0.025)
Lev	−0.047*** (0.013)	−0.009*** (0.002)	−0.040** (0.016)
Roa	0.038*** (0.008)	−0.000 (0.001)	0.050*** (0.012)
Cfo	−0.020*** (0.005)	−0.001 (0.001)	−0.022*** (0.008)
Dual	0.530*** (0.029)	0.004 (0.003)	0.623*** (0.034)
Constant	−0.112* (0.060)	−0.550*** (0.020)	0.088 (0.082)
Year	控制	控制	控制
Industry	控制	控制	控制
N	13 041	3 721	9 320
R^2	0.352	0.089	0.304

表 4-6　制度环境与企业高管在职消费的回归分析

	全样本	国　企	非国企
	Perk	*Perk*	*Perk*
	(1)	(2)	(3)
Inst	0.045*** (0.009)	0.046** (0.019)	0.057*** (0.010)
*Top*1	−0.011 (0.009)	0.015 (0.017)	−0.017 (0.010)
Lnage	0.014 (0.010)	−0.008 (0.024)	0.000 8 (0.010)
Indep	0.003 (0.004)	0.010 (0.009)	−0.002 (0.005)
Size	0.718*** (0.013)	0.680*** (0.027)	0.715*** (0.015)
Lev	0.046*** (0.008)	0.010 (0.018)	0.048*** (0.009)
Roa	0.041*** (0.005)	0.014 (0.010)	0.056*** (0.006)
Cfo	0.017*** (0.003)	0.023*** (0.006)	0.014*** (0.004)
Dual	−0.006 (0.009)	−0.024 (0.019)	0.001 (0.011)
Constant	−0.078* (0.040)	−0.134 (0.088)	−0.107** (0.044)
Year	控制	控制	控制
Industry	控制	控制	控制
N	13 041	3 721	9 320
R^2	0.738	0.699	0.712

列(2)表明,在国企中,制度环境($Inst$)的系数是0.046,在5%水平显著,说明制度环境与国企高管在职消费存在正相关关系,换言之,随着制度环境的改善,国企高管在职消费也会随之增加。列(3)表明,在非国企中,制度环境($Inst$)的系数是0.057,在1%水平显著,说明制度环境与非国企高管在职消费存在正相关关系,换言之,随着制度环境的改善,非国企高管在职消费也会随之增加。

表4-7报告了高管年薪与企业创新的回归分析结果。本书在研究中将企业划分为国企和非国企进行进一步分组的检验。列(1)表明,在全样本中,高管年薪(Pay)的系数是0.193,在1%水平显著,可见高管年薪对企业创新具有正向影响,换言之,随着高管年薪的增加,企业创新水平也会提高。列(2)表明,在国企中,高管年薪(Pay)的系数是0.177,在1%水平显著,说明国企中高管年薪与企业创新存在正相关关系,换言之,国企高管年薪的增加,促进了企业创新。列(3)表明,在非国企中,高管年薪(Pay)的系数是0.197,在1%水平显著,说明非国企高管年薪与企业创新存在正相关关系,换言之,非国企高管年薪的增加,促进了企业创新。

表4-8报告了高管股权激励与企业创新的回归分析结果。本书在研究中将企业划分为国企和非国企进行进一步分组的检验。列(1)表明,在全样本中,高管股权激励($Comp$)的系数是0.042,在1%水平显著,可见高管股权激励与企业创新显著正向,换言之,增加高管股权激励,企业创新水平也会提高。列(2)表明,在国企中,高管股权激励($Comp$)的系数是-0.201,未通过显著性检验,说明两者间不存在相关关系,换言之,国企高管

表 4-7　高管年薪与企业创新的回归分析

	全样本	国 企	非国企
	Inno	*Inno*	*Inno*
	(1)	(2)	(3)
Pay	0.193***	0.177***	0.197***
	(0.016)	(0.043)	(0.018)
*Top*1	−0.064***	−0.041	−0.060***
	(0.016)	(0.027)	(0.020)
Lnage	−0.105***	−0.098**	−0.104***
	(0.019)	(0.043)	(0.022)
Indep	−0.011	0.010	−0.021**
	(0.008)	(0.017)	(0.010)
Size	−0.026	−0.081*	0.009 3
	(0.023)	(0.046)	(0.028)
Lev	0.016	0.027	0.014
	(0.014)	(0.030)	(0.016)
Roa	0.071 7**	0.052***	0.084***
	(0.009)	(0.014)	(0.013)
Cfo	−0.001	0.010	−0.005
	(0.006)	(0.011)	(0.007)
Dual	0.022	−0.005 0	0.022
	(0.020)	(0.047)	(0.022)
Constant	0.017	−0.396***	0.193*
	(0.086)	(0.150)	(0.106)
Year	控制	控制	控制
Industry	控制	控制	控制
N	13 041	3 721	9 320
R^2	0.192	0.167	0.177

表 4-8 高管股权激励与企业创新的回归分析

	全样本	国 企	非国企
	Inno	*Inno*	*Inno*
	(1)	(2)	(3)
Comp	0.042***	−0.201	0.039***
	(0.014)	(0.298)	(0.014)
*Top*1	−0.065***	−0.042	−0.067***
	(0.016)	(0.026)	(0.020)
Lnage	−0.104***	−0.127***	−0.096***
	(0.020)	(0.045)	(0.023)
Indep	−0.012	0.010	−0.023**
	(0.008)	(0.017)	(0.010)
Size	−0.136***	−0.158***	−0.123***
	(0.022)	(0.043)	(0.028)
Lev	0.012	0.018 1	0.010
	(0.014)	(0.030)	(0.016)
Roa	0.076***	0.059***	0.088***
	(0.009)	(0.014)	(0.013)
Cfo	0.005	0.012	0.001
	(0.006)	(0.011)	(0.008)
Dual	0.004	−0.003	0.004
	(0.020)	(0.048)	(0.023)
Constant	0.012	−0.524**	0.167
	(0.087)	(0.229)	(0.107)
Year	控制	控制	控制
Industry	控制	控制	控制
N	13 041	3 721	9 320
R^2	0.165	0.134	0.146

股权激励的增加,对企业创新影响不显著。列(3)表明,在非国企中,高管股权激励(Comp)的系数是 0.039,在 1%水平显著,说明非国企高管股权激励与企业创新显著正相关,换言之,非国企高管股权激励的增加,促进了企业创新。

表 4-9 报告了高管在职消费与企业创新的回归分析结果。本书在研究中将企业划分为国企和非国企进行进一步分组的检验。列(1)表明,在全样本中,高管在职消费(Perk)的系数是 0.595,在 1%水平显著,可见高管在职消费对企业创新具有正向影响,换言之,高管在职消费的增加,促进了企业创新。列(2)表明,在国企中,高管在职消费(Perk)的系数是 0.368,在 1%水平显著,说明国企中高管在职消费与企业创新存在正相关关系,换言之,国企高管在职消费的增加,促进了企业创新。列(3)表明,在非国企中,高管在职消费(Perk)的系数是 0.731,在 1%水平显著,说明非国企高管在职消费与企业创新存在正相关关系,换言之,非国企高管在职消费的增加,促进了企业创新。

表 4-9　高管在职消费与企业创新的回归分析

	全样本	国　企	非国企
	Inno	Inno	Inno
	(1)	(2)	(3)
Perk	0.595*** (0.036)	0.368*** (0.057)	0.731*** (0.048)
Top1	−0.060*** (0.014)	−0.047* (0.025)	−0.056*** (0.017)
Lnage	−0.112*** (0.017)	−0.119*** (0.041)	−0.092*** (0.018)

续 表

	全样本	国 企	非国企
	Inno	*Inno*	*Inno*
	(1)	**(2)**	**(3)**
Indep	−0.012 8 (0.008 43)	0.006 (0.017)	−0.018* (0.009)
Size	−0.583*** (0.030)	−0.423*** (0.046)	−0.661*** (0.040)
Lev	−0.017 (0.013 9)	0.017 (0.029)	−0.030** (0.015)
Roa	0.057*** (0.008)	0.055 2*** (0.014)	0.055*** (0.011)
Cfo	−0.005 (0.006)	0.003 (0.011)	−0.007 (0.007)
Dual	0.032* (0.019)	0.001 (0.048)	0.032 (0.020)
Constant	0.064 (0.078)	−0.353** (0.144)	0.262*** (0.094)
Year	控制	控制	控制
Industry	控制	控制	控制
N	13 041	3 721	9 320
R^2	0.407	0.300	0.447

4. 稳健性检验

借鉴罗宏等(2016)、尹美群等(2018)以及谷丰等(2018)的研究,用排名最高的3位董事会成员的薪酬来衡量高管年薪(*Epay*),对于上市公司采用董事、监事和高级管理人员的持股数总和除以公司总股数作为高管股权激励的衡量指标($Ecomp$),用取对数后的管理费用衡量在职消费($Eperk$),重新进行检验。

表 4-10 报告了制度环境与企业高管年薪的稳健性检验。本书在研究中将企业划分为国企和非国企进行进一步分组的检验。列(1)表明,在全样本中,制度环境($Inst$)的系数是 0.075,在 1% 水平显著,可见制度环境对高管年薪具有正向影响,换言之,随着制度环境的改善,高管年薪也会随之增加。列(2)表明,在国企中,制度环境($Inst$)的系数是 0.056,在 1% 水平显著,说明制度环境与国企高管年薪存在正相关关系,换言之,随着制度环境的改善,国企高管年薪也会随之增加。列(3)表明,在非国企中,制度环境($Inst$)的系数是 0.071,在 1% 水平显著,说明制度环境与非国企高管年薪存在正相关关系,换言之,随着制度环境的改善,非国企高管年薪也会随之增加。

表 4-11 报告了制度环境与企业高管股权激励稳健性检验。本书在研究中将企业划分为国企和非国企进行进一步分组的检验。列(1)表明,在全样本中,制度环境($Inst$)的系数是 0.055,在 1% 水平显著,可见制度环境对高管股权激励具有正向影响,换言之,随着制度环境的改善,高管股权激励也会随之增加。列(2)表明,在国企中,制度环境($Inst$)的系数是 0.002,并不显著,说明制度环境与国企高管股权激励不存在正相关关系,换言之,随着制度环境的改善,国企高管股权激励不会随之增加。列(3)表明,在非国企中,制度环境($Inst$)的系数是 0.031,在 10% 水平显著,说明制度环境与非国企高管股权激励存在正相关关系,换言之,随着制度环境的改善,非国企高管股权激励也会随之增加。

表 4-10　制度环境与企业高管年薪的稳健性检验

	全样本	国　企	非国企
	Epay	*Epay*	*Epay*
	(1)	(2)	(3)
Inst	0.075*** (0.014)	0.056*** (0.018)	0.071*** (0.018)
*Top*1	−0.012 (0.014)	0.004 9 (0.015)	−0.048*** (0.018)
Lnage	−0.018 (0.018)	−0.058** (0.028)	0.027 (0.022)
Indep	−0.027*** (0.009)	−0.011 (0.010)	−0.039*** (0.011)
Size	−0.581*** (0.022)	−0.353*** (0.025)	−0.694*** (0.031)
Lev	−0.038*** (0.014)	−0.022 (0.020)	−0.028 (0.018)
Roa	0.050*** (0.010)	0.046*** (0.012)	0.055*** (0.014)
Cfo	0.025*** (0.007)	0.012 (0.010)	0.032*** (0.008)
Dual	−0.030 (0.020)	−0.022 (0.024)	−0.037 (0.024)
Constant	0.022 (0.066)	−0.281*** (0.083)	0.056 (0.087)
Year	控制	控制	控制
Industry	控制	控制	控制
N	13 041	3 721	9 320
R^2	0.458	0.476	0.426

表 4-11　制度环境与企业高管股权激励的稳健性检验

	全样本	国企	非国企
	Ecomp	Ecomp	Ecomp
	(1)	(2)	(3)
Inst	0.055*** (0.016)	0.002 (0.004)	0.031* (0.022)
Top1	0.020 (0.016)	−0.011*** (0.003)	0.028 (0.022)
Lnage	−0.209*** (0.024)	−0.049*** (0.014)	−0.167*** (0.028)
Indep	−0.004 (0.008)	0.001 (0.001)	−0.005 (0.012)
Size	−0.166*** (0.019)	0.001 (0.005)	−0.149*** (0.027)
Lev	−0.052*** (0.012)	−0.017*** (0.004)	−0.039** (0.015)
Roa	0.038*** (0.007)	−0.000 (0.001)	0.047*** (0.011)
Cfo	−0.017*** (0.004)	0.000 (0.001)	−0.019*** (0.006)
Dual	0.248*** (0.023)	−0.005 (0.005)	0.279*** (0.027)
Constant	−0.073 (0.059)	−0.723*** (0.021)	0.277*** (0.080)
Year	控制	控制	控制
Industry	控制	控制	控制
N	13 041	3 721	9 320
R^2	0.288	0.074	0.183

表 4-12 报告了制度环境与企业高管在职消费的稳健性检验。本书在研究中将企业划分为国企和非国企进行进一步分组的检验。列(1)表明,在全样本中,制度环境($Inst$)的系数是 0.042,在 1% 水平显著,可见制度环境对高管在职消费具有正向影响,换言之,随着制度环境的改善,高管在职消费也会随之增加。列(2)表明,在国企中,制度环境($Inst$)的系数是 0.039,在 5% 水平显著,说明制度环境与国企高管在职消费存在正相关关系,换言之,随着制度环境的改善,国企高管在职消费也会随之增加。列(3)表明,在非国企中,制度环境($Inst$)的系数是 0.052,在 1% 水平显著,说明制度环境与非国企高管在职消费存在正相关关系,换言之,随着制度环境的改善,非国企高管在职消费也会随之增加。

表 4-12 制度环境与企业高管在职消费的稳健性检验

	全样本	国 企	非国企
	Eperk	*Eperk*	*Eperk*
	(1)	(2)	(3)
Inst	0.042*** (0.008)	0.039** (0.017)	0.052*** (0.009)
*Top*1	−0.012 (0.008)	0.008 (0.016)	−0.017* (0.010)
Lnage	0.011 (0.009)	−0.013 (0.022)	−0.001 (0.010)
Indep	0.003 (0.004)	0.009 (0.009)	−0.002 (0.005)
Size	0.749*** (0.012)	0.721*** (0.026)	0.740*** (0.015)

续　表

	全样本	国　企	非国企
	Eperk	*Eperk*	*Eperk*
	（1）	（2）	（3）
Lev	0.041*** (0.007)	0.007 6 (0.017)	0.043*** (0.008)
Roa	0.039*** (0.005)	0.015 (0.009)	0.051*** (0.005)
Cfo	0.018*** (0.003)	0.027*** (0.006)	0.015*** (0.003)
Dual	−0.011 (0.008)	−0.019 (0.016)	−0.005 (0.010)
Constant	−0.017 (0.035)	0.010 (0.071)	−0.077* (0.041)
Year	控制	控制	控制
Industry	控制	控制	控制
N	13 041	3 721	9 320
R^2	0.784	0.761	0.748

　　表4-13报告了高管年薪与企业创新的稳健性检验。本书在研究中将企业分为国企和非国企进行进一步分组的检验。列（1）表明，在全样本中，高管年薪（*Epay*）的系数是0.175，在1％水平显著，可见高管年薪对企业创新具有正向影响，换言之，高管年薪的增加，促进了企业创新。列（2）表明，在国企中，高管年薪（*Epay*）的系数是0.163，在1％水平显著，说明国企高管年薪与企业创新显著正相关，换言之，国企高管年薪的增加，促进了企业创新。列（3）表明，在非国企中，高管年薪（*Epay*）的系数是

表 4-13 高管年薪与企业创新的稳健性检验

	全样本	国 企	非国企
	Inno	*Inno*	*Inno*
	(1)	(2)	(3)
Epay	0.175*** (0.016)	0.163*** (0.049)	0.178*** (0.016)
*Top*1	−0.062*** (0.016)	−0.041 (0.027)	−0.057*** (0.020)
Lnage	−0.105*** (0.019)	−0.110** (0.043)	−0.105*** (0.023)
Indep	−0.007 (0.008)	0.012 (0.017)	−0.016 (0.010)
Size	−0.041* (0.023)	−0.101** (0.046)	−0.008 (0.029)
Lev	0.016 (0.015)	0.022 (0.030)	0.014 (0.016 9)
Roa	0.069*** (0.009)	0.051*** (0.014)	0.080*** (0.013)
Cfo	0.000 (0.006)	0.010 (0.011)	−0.004 (0.007)
Dual	0.030 (0.020)	−0.002 (0.047)	0.033 (0.023)
Constant	0.010 (0.086)	−0.363** (0.151)	0.164 (0.106)
Year	控制	控制	控制
Industry	控制	控制	控制
N	13 041	3 721	9 320
R^2	0.180	0.158	0.163

0.178,在 1%水平显著,说明非国企高管年薪与企业创新显著正相关,换言之,非国企高管年薪的增加,促进了企业创新。

表 4-14 报告了高管股权激励与企业创新的稳健性检验。本书在研究中将企业划分为国企和非国企进行进一步分组的检验。列(1)表明,在全样本中,股权激励(Ecomp)的系数是 0.066,在 1%水平显著,可见股权激励与企业创新显著正相关,换言之,随着高管股权激励的增加,企业创新水平也会提高。列(2)表明,在国企中,股权激励(Ecomp)的系数是 −0.190,并不显著,说明国企中高管股权激励与企业创新无显著相关关系,换言之,国企高管股权激励的增加,对企业创新影响不明显。列(3)表明,在非国企中,股权激励(Ecomp)的系数是 0.064,在 1%水平显著,说明非国企高管股权激励与企业创新显著正相关,换言之,非国企高管股权激励的增加,促进了企业创新。

表 4-15 报告了高管在职消费与企业创新的稳健性检验。本书在研究中将企业划分为国企和非国企进行进一步分组的检验。列(1)表明,在全样本中,在职消费(Eperk)的系数是 0.639,在 1%水平显著,可见在职消费对企业创新具有正向影响,换言之,随着高管在职消费的增加,企业创新水平也会提高。列(2)表明,在国企中,在职消费(Eperk)的系数是 0.401,在 1%水平显著,说明国企高管在职消费与企业创新存在正相关关系,换言之,国企高管在职消费的增加,促进了企业创新。列(3)表明,在非国企中,在职消费(Eperk)的系数是 0.788,在 1%水平显著,说明非国企高管在职消费与企业创新存在正相关关系,换言之,非国企高管在职消费的增加,促进了企业创新。

表 4-14 高管股权激励与企业创新的稳健性检验

	全样本	国 企	非国企
	Inno	*Inno*	*Inno*
	(1)	(2)	(3)
Ecomp	0.066*** (0.018)	−0.190 (0.202)	0.064*** (0.018)
*Top*1	−0.065*** (0.016)	−0.042 (0.027)	−0.068*** (0.020)
Lnage	−0.096*** (0.020)	−0.127*** (0.045)	−0.090*** (0.023)
Indep	−0.012 (0.008)	0.010 (0.017)	−0.023** (0.010)
Size	−0.130*** (0.023)	−0.157*** (0.043)	−0.117*** (0.028)
Lev	0.013 (0.014)	0.017 (0.030)	0.011 (0.016)
Roa	0.074*** (0.009)	0.059*** (0.014)	0.087*** (0.013)
Cfo	0.005 (0.006)	0.012 (0.011)	0.002 (0.008)
Dual	0.007 (0.020)	−0.005 (0.047)	0.009 (0.022)
Constant	0.016 (0.087)	−0.550** (0.214)	0.156 (0.107)
Year	控制	控制	控制
Industry	控制	控制	控制
N	13 041	3 721	9 320
R^2	0.165	0.134	0.147

表 4-15 高管在职消费与企业创新的稳健性检验

	全样本	国 企	非国企
	Inno	*Inno*	*Inno*
	(1)	(2)	(3)
Eperk	0.639*** (0.042)	0.401*** (0.063)	0.788*** (0.056)
Top1	−0.059*** (0.014)	−0.045* (0.025)	−0.054*** (0.017)
Lnage	−0.111*** (0.016)	−0.119*** (0.041)	−0.089*** (0.018)
Indep	−0.012 (0.008)	0.006 (0.017)	−0.018* (0.009)
Size	−0.633*** (0.035)	−0.461*** (0.050)	−0.723*** (0.046)
Lev	−0.016 (0.014)	0.018 (0.029)	−0.028* (0.015)
Roa	0.057*** (0.008)	0.055*** (0.014)	0.056*** (0.011)
Cfo	−0.007 (0.006)	0.001 (0.011)	−0.008 (0.007)
Dual	0.035* (0.019)	−0.000 (0.047)	0.037* (0.020)
Constant	0.029 (0.078)	−0.406*** (0.143)	0.241** (0.093)
Year	控制	控制	控制
Industry	控制	控制	控制
N	13 041	3 721	9 320
R^2	0.415	0.309	0.458

4.5　本章小结

　　本章从制度环境相关理论、高管薪酬相关理论以及企业创新相关理论出发,系统梳理了制度环境与高管薪酬、高管薪酬与企业创新之间的关系,挖掘制度环境通过高管薪酬影响企业创新的传导机理。

　　首先,新制度经济学突出了制度对于经济活动的重要性,制度影响企业各项活动的交易成本,企业根据成本和收益,调整制度安排,以使得成本最小,收益最大。而高管薪酬激励本身也是一种制度安排,高管薪酬属于企业内部制定的契约,因此当外部环境改变时,企业制定和实施的高管薪酬也会随之调整。这是本章重要的理论基础。其次,North 的制度变迁理论突出强调了制度环境不仅影响企业行为,还会影响企业中的企业家,尤其是企业家精神。制度本身是游戏规则,规则之一便是决定企业家的报酬结构,处于规则内的企业家会基于自身利益最大化的原则,根据报酬结构调整自己的行为,决定在生产性经营活动还是非生产性经营活动中施展自己的才华。再次,根据创新理论,创新是企业家发现一种新的生产方式从而实现"创造性积累"的过程,企业家处于创新理论的核心地位,因此,企业家对企业的发展乃至国家的发展至关重要。最后,结合委托代理理论,管理层和股东对风险的态度不同,管理层在很大程度上会为了稳定的薪酬放弃创新项目,这不利于企业长期的发展,而有效的激励制度能够缓解这类问题。

在理论分析的基础上,从我国特殊的制度环境出发,通过实证研究分析发现:第一,制度环境的改善能够提升高管薪酬,即制度环境的改善对企业高管的年薪、股权激励和在职消费产生正向影响;第二,高管薪酬增加能够提升企业的创新水平,即高管的年薪、股权激励和在职消费增加均能够提升企业的创新水平。

总之,制度环境能够通过影响交易成本影响企业的高管薪酬,同时企业高管薪酬又会影响企业创新。通过上述研究,本章建立了制度环境通过高管薪酬影响企业创新的传导机制,其路径包括:制度环境能够通过影响高管货币性薪酬作用于企业创新、制度环境能够通过影响高管非货币性薪酬作用于企业创新、制度环境能够通过影响高管薪酬作用于企业创新。

本章创新性地研究出制度环境与企业创新之间的传导机制,很大程度上拓展了制度环境、高管薪酬以及企业创新相关的理论和实证研究。

第五章　制度环境、高管货币性薪酬与企业创新的关系研究

5.1　问题的提出与理论分析

5.1.1　研究问题的提出

根据新制度经济学理论,企业处于各种制度环境中,其行为必然受到所处环境的影响。刘凤委(2013)指出,经营者薪酬契约安排取决于企业所面临的交易成本,内生于企业所处的制度环境。设计和实施适当的薪酬机制,能够使股东和管理者实现共赢的结果。此外,完善的制度环境能够增加企业家的期望收入,并且规范企业家经营活动中的各项行为,降低交易成本。研究我国特有的制度环境如何通过企业高管货币性薪酬作用于企业创新,对于理解制度环境的深刻影响具有十分重要的意义。

已有学者对于制度环境与高管货币性薪酬的关系从多个视角展开了研究。一是制度环境对高管年薪的影响研究。陈冬华等(2010)、戴治勇(2014)从法律环境和市场发育等视角研究制度环境对高管年薪的影响。陈霞等(2017)研究结果表明,国企若面临政府的干预严重,会在很大程度上削弱高管薪酬的效用。二是制度环境对高管股权激励的影响研究。袁春生和唐松莲(2015)指出,制度环境越优化,经理人市场越发达,高管的各项

工作能力和以往表现均变得可视化,企业获取的相关信息越有效,越能够准确制定高管的年薪和股权激励,最终优化年薪和股权激励的激励效果。

通过梳理已有的相关文献可知:首先,制度环境的优化能够增加高管的年薪,但从我国大力弘扬创新的制度环境的视角,基于王小鲁市场化指数,不同产权性质的企业的高管年薪受到制度环境影响的差异性研究尚需完善。其次,对于高管的股权激励是否提升了企业的创新水平还未有定论,尚需更深入地实证检验。最为重要的是,引入中介效应检验,对制度环境从企业高管的年薪和股权激励两方面影响企业创新的研究还较为缺乏。因此,本章深入挖掘制度环境如何影响企业高管的年薪和股权激励进而影响企业创新,利用逐步回归的实证方法,实证检验制度环境和企业创新之间的传导机制。

5.1.2 理论分析与研究假设

现代企业制度的发展,要求建立科学合理的公司治理结构,而建立合理的薪酬激励历来是理论界和实务界关注的焦点。当前针对我国企业经营者薪酬的研究,大多仅考察薪酬的制定和实施,对于薪酬与制度的关联性研究则较少,更缺乏对转轨经济环境特征的具体考量,因此,基于制度环境下对企业高管货币性薪酬进行研究很有必要。

我国制度环境的最大特点是政府对经济的显著干预。陈霞等(2017)通过对我国上市公司数据的研究指出,在竞争激烈的行业内,国企薪酬与业绩挂钩的现象比非国企更明显,不过其研究也指出,过多的行政干预会削弱企业高管薪酬激励的效果。

在我国,"政企分离"并未完全实现,在这期间,政府干预经济的行为较为普遍,有学者认为,政府干预是"越位"的表现,影响了我国国有企业的公司治理。廖红伟和徐杰(2019)认为,政府干预导致的冗员负担会导致业绩下滑,企业高管在这种情况下会借此向政府要求更多的优惠补贴,长此以往,企业的经营业绩更难反映高管的工作水平,高管薪酬与企业业绩之间关系被严重削弱。陈冬华等(2010)指出,随着政府配置资源比重的下降、对企业干预的减少以及政府规模的降低,企业对于高管货币薪酬的设计和实施的成本也会随之下降。这是由于政府干预的减少以及政府对企业施加目标的减少,企业的会计信息更能够反映高管的才能和努力程度,高管的薪酬制定成本也会相应下降(陈震和李艳辉,2011;沈永建和倪婷婷,2014;张敦力和王艳华,2016),经理人的败德行为也可能减少。

市场的发育状况也能在一定程度上反映制度环境状况。陈冬华等(2010)认为,要素市场越完善,金融市场、信贷市场越健全,外资的引进也越成熟,企业原先由于行政性指令带来的收益也会降低,高管的努力,即对经营业绩粉饰也因此降低。同时,随着劳动力市场日趋成熟,市场中高管的能力信息和工作信息更加丰富,企业招聘高管也会更加容易,降低了以往各种选聘高管过程导致的高昂成本。经理人市场的发育会增加高管人才流失的压力,在这种情况下,高管的薪酬管制就会放松,企业运用货币性薪酬的成本也会下降。作为要素市场的一部分,经理人市场的压力和声誉机制同样对高管有一定程度的约束作用(Jensen 和 Meckling,1976;Fama 和 Jensen,1983)。由于市场的激烈竞争,高管的偷懒行为也会有所降低,抑制了高管的道德风险。健全的经理人市场能够为薪酬委员会设定高管薪酬提供丰富的信息,降低各种粉饰行为对高管薪酬机制的影响,高管的货币性薪酬激励效果也随之提升(袁春生和唐松莲,2015)。此外,随着法律制度的健全,公司的治理水平随之提高,高管干涉薪酬的行为也会在更大程度上得到制约。租金抽取理论认为,企业高管的寻租行为介于合法与非法之间(戴治勇,2014),在健全的制度环境中,高管的寻租行为受到严格的监控,由于寻租受到的处罚也较为严厉,这些均能够抑制高管干预薪酬的行为,最终导致高管运气薪酬减少(贾凡胜,2018)。

从创新的视角看,创新的核心主体是企业,高管作为代理人并非企业的所有者,但是在实际的经营管理中,企业的一系列重大经营决策都是由高管制定的,其中包括创新活动,高管虽不直接参与创新的具体落实,但是创新投入和创新决策是由高管制定的,因此高管在创新中具有关键的作用。然而,创新的失败率极高,在研究开发、中间测试以及市场销售等阶段均存在很大的不确定性,一旦创新成功,带来的利润非常巨大(冯根福和温军,2008)。公司治理理论认为,公司的股东能够采用分散投资的路径获取收益,但对于高管而言,只能根据其经营的业绩获得报酬。如果创新失败,带来的后果也会影响高管的职业声誉。众多学者的研究表明,为抑制高管追求安逸生活导致的投资不足问题,应设计能够体现高管才能和努力的薪酬契约。对高管实施充分的薪酬激励才能够调动高管实施创新的积极性(辛清泉等,2007;Currim et al.,2012)。

在年薪方面,Xue(2007)通过研究发现,不仅高管年薪可提升企业创新能力,股权激励同样可以提升创新水平,两者的影响有一定的差异。年薪使得高管采用外部购买的方式创新;股权激励由于时间久,高管将通过激发企业内部创新,增强创新实力。李春涛和宋敏(2010)通过对我国制造业数据分析,得出结论,认为对首席执行官的激励能够极大地增加企业研发投入。大量文献验证了高管薪酬能够显著影响企业创新投入和产出:第一,有效的货币性薪酬减少了高管和股东之间的冲突,降低高管的风险规避倾向,调动高管对研发项目投资的积极性(Coles et al.,2006)。第二,高管年薪与企业业绩直接相关,作为理性的经济人,为获得更多的收益,高管在创新项目中会更认真负责,从而提升效率,以增加创新产出,最终增加自身的收益(Laursen 和 Foss,2003)。第三,高管年薪的短期性也会诱使高管减少风险决策(Fu,2012)。在实际的企业经营中,即使企业经营业绩下滑,高管年薪并不会立竿见影地下降,这是由于董事会或薪酬委员会对于高管的降薪是非常慎重的,董事会在很大程度上可以理解创新投资对企业绩效影响的滞后性特点。因此,在这种支持下,高管不仅可以全身心地投入创新项目,施展自身能力,而且自身的短期收益得到保护,这一切均能调动高管的创新积极性,鼓励高管从事更多的创新活动。因此,良好的制度环境下,高管年薪的提升有利于企业创新水平的提高。

从长期来看,股东与高管的风险偏好呈现出很大的差异性。Jensen 和 Meckling(1976)、Coles 等(2006)等均认为,期权激励、股权激励等一系列的长期激励能够促使高管更注重企业的长久发展,而创新是企业立于不败之地的关键,因此,长期激励能够促使高管克服对创新失败的恐惧,增加创新投入。后续的众多研究也证明了上述观点,如发现股权激励与技术创新产出

(Lin et al.,2011)、专利数量(Bulan 和 Sanyal,2011)等之间的正向关系。可见,股权激励长期性的特点使其可以更好地发挥激励效用,既能够克服高管的短视行为,保护股东利益,也能够激发高管的创新潜力。由此可见,股权激励可促进高管进行更多的研发决策,这大大增加了高管在创新经营活动里的参与程度,也能强化高管之间的协调合作,抑制偷懒行为。然而,也有学者通过对公司治理进行相关研究发现,增加高管持股并非一定能达到预期效果,过度的高管激励很有可能会侵蚀公司的价值,这一现象即为高管持股的"堑壕效应"。高管持股是公司治理机制的重要一环,其激励的效果必然影响企业创新投资等经营活动。因此,有学者研究发现高管持股与创新投入不是线性关系,换句话说,两者之间关系存在拐点。本研究认为,我国企业高管持股比例相对较低,股权激励对绝大多数的企业而言具有增强创新的作用。因此,良好的制度环境下,高管股权激励的提升有利于企业创新水平的提高。因此,提出如下各项假设:

H1:制度环境的改善能够通过高管的货币性薪酬促进企业创新。

H1a:制度环境的改善能够通过高管的年薪促进企业创新。

H1b:制度环境的改善能够通过高管的股权激励促进企业创新。

企业的性质不同,导致内部的各项契约安排和创新水平也会存在区别。有学者研究指出,国企创新与非国企创新有很大的不同(李春涛和宋敏,2010;吴延兵,2012)。近年来,我国在对国企高管的考核中,凸显了对创新行为的考量,这在一定程度上

118

增加了高管的创新意愿,然而国企承担的多元化目标抑制了薪酬激励对创新的促进作用。一方面,我国政府多重目标影响了对于高管的考核,即对国企高管的考核除了利润的考量,还有社会稳定和社会服务等方面。在这种情况下,国企高管更关心晋升激励。因此,在面对与非国企高管相同的物质激励时,国企高管的创新行为需要付出更多的成本。这是因为,国企高管本可以通过经营业绩和政治晋升增加自身效用,但是创新的高失败率让高管丧失了上述的效用,创新增加了高管的私人成本。与此同时,国企高管肩负众多任务,这就难以根据经营业绩衡量高管的工作能力和努力程度,并且高管由于多重任务也会面临多方压力。创新的长周期性和高风险性抑制了高管的创新意愿,且创新失败又会影响高管的晋升机会。如果政府对企业创新的考评压力小,则高管的创新意愿低;若政府对企业创新的考评压力加大,则高管的创新意愿也会提高。但是,由于高管每届的任期有限,研发投入很大可能无法转化为其任期内的业绩,在这种情况下,容忍失败的货币性激励难以发挥促进创新的作用。与此相对应的是非国有企业,非国有企业更注重货币性薪酬,此时容忍失败的货币性激励能够调动高管创新的积极性。有研究表明,与国有企业相比,股权等长期激励对创新的正向作用在非国有企业中更显著(王姝勋等,2017)。因此,提出如下各项假设:

H2:相较于国有企业,制度环境的改善通过高管货币性薪酬促进企业创新在非国有企业中更为显著。

H2a:相较于国有企业,制度环境的改善通过高管年薪促进企业创新在非国有企业中更为显著。

H2b：相较于国有企业，制度环境的改善通过高管股权激励促进企业创新在非国有企业中更为显著。

5.2　研 究 设 计

5.2.1　数据来源与变量定义

本章数据样本与第三章相同，共 16 236 个样本量，2 862 家样本公司。由于模型部分数据采用滞后一期处理，最终共有 13 041 个样本量。相关变量的定义如下：制度环境变量、高管货币性薪酬和企业创新变量和前文相同。借鉴尹美群等（2018）、徐悦等（2018）的研究，控制变量为股权集中度（$Top1$）、企业成立年限（$Lnage$）、独立董事比例（$Indep$）、企业规模（$Size$）、资产负债比率（Lev）、总资产收益率（Roa）、净现金流（Cfo）、董事长与总经理两职合一（$Dual$）。各变量的定义见表 5-1。

表 5-1　变量的定义

变　量	变量符号	变　量　定　义
制度环境	$Inst$	王小鲁等人中国地区市场化指数评分
企业创新	$Inno$	研发投入占总资产比例
年薪	Pay	公司薪酬最高的前三位高管的年薪总额占资产总额百分比
股权激励	$Comp$	公司高管持股总数占公司总股数百分比
股权集中度	$Top1$	第一大股东持股总数/总股数

变　量	变量符号	变 量 定 义
企业成立年限	Lnage	企业年龄的自然对数
独立董事比例	Indep	独立董事人数之和/董事会人数之和
企业规模	Size	期末总资产的自然对数
资产负债比率	Lev	负债总额/资产总额
总资产收益率	Roa	年末净利润/年末总资产
净现金流	Cfo	经营活动净现金流/期末总资产
两职合一	Dual	董事长与总经理两职兼任时取值为1,否则为0
行业	Industry	按《上市公司行业分类指引(2012年修订)》划分
年度	Year	属于当年时取值为1,否则为0

5.2.2　模型设计

本章以高管年薪(Pay)和股权激励($Comp$)作为实证研究的中介变量,进行传导机制检验,并且依据温忠麟和叶宝娟(2014)的中介效应检验,采用逐步回归,对本章提出的传导机制进行研究。模型(5-1)至模型(5-3)是以高管年薪为中介效应的检验模型:

$$Inno_{it} = \alpha_0 + \beta_1 Inst_{it-1} + \beta_2 Top1_{it-1} + \beta_3 Lnage_{it-1}$$
$$+ \beta_4 Indep_{it-1} + \beta_5 Size_{it-1} + \beta_6 Lev_{it-1}$$
$$+ \beta_7 Roa_{it-1} + \beta_8 Cfo_{it-1} + \beta_9 Dual_{it-1}$$
$$+ \sum Year + \sum Industry + \varepsilon_{it}$$

$$(5-1)$$

$$
\begin{aligned}
Pay_{it} = {} & \alpha_0 + \chi_1 Inst_{it-1} + \chi_2 Top1_{it-1} + \chi_3 Lnage_{it-1} \\
& + \chi_4 Indep_{it-1} + \chi_5 Size_{it-1} + \chi_6 Lev_{it-1} \\
& + \chi_7 Roa_{it-1} + \chi_8 Cfo_{it-1} + \chi_9 Dual_{it-1} \\
& + \sum Year + \sum Industry + \varepsilon_{it}
\end{aligned}
$$

$$(5-2)$$

$$
\begin{aligned}
Inno_{it} = {} & \alpha_0 + \lambda_1 Inst_{it-1} + \lambda_2 Pay_{it} + \lambda_3 Top1_{it-1} \\
& + \lambda_4 Lnage_{it-1} + \lambda_5 Indep_{it-1} + \lambda_6 Size_{it-1} \\
& + \lambda_7 Lev_{it-1} + \lambda_8 Roa_{it-1} + \lambda_9 Cfo_{it-1} \\
& + \lambda_{10} Dual_{it-1} + \sum Year + \sum Industry + \varepsilon_{it}
\end{aligned}
$$

$$(5-3)$$

模型(5-4)至模型(5-6)是以高管股权激励为中介效应的检验模型：

$$
\begin{aligned}
Inno_{it} = {} & \alpha_0 + \beta_1 Inst_{it-1} + \beta_2 Top1_{it-1} + \beta_3 Lnage_{it-1} \\
& + \beta_4 Indep_{it-1} + \beta_5 Size_{it-1} + \beta_6 Lev_{it-1} \\
& + \beta_7 Roa_{it-1} + \beta_8 Cfo_{it-1} + \beta_9 Dual_{it-1} \\
& + \sum Year + \sum Industry + \varepsilon_{it}
\end{aligned}
$$

$$(5-4)$$

$$
\begin{aligned}
Comp_{it} = {} & \alpha_0 + \chi_1 Inst_{it-1} + \chi_2 Top1_{it-1} + \chi_3 Lnage_{it-1} \\
& + \chi_4 Indep_{it-1} + \chi_5 Size_{it-1} + \chi_6 Lev_{it-1} \\
& + \chi_7 Roa_{it-1} + \chi_8 Cfo_{it-1} + \chi_9 Dual_{it-1} \\
& + \sum Year + \sum Industry + \varepsilon_{it}
\end{aligned}
$$

$$(5-5)$$

$$Inno_{it} = \alpha_0 + \lambda_1 Inst_{it-1} + \lambda_2 Comp_{it} + \lambda_3 Top1_{it-1}$$
$$+ \lambda_4 Lnage_{it-1} + \lambda_5 Indep_{it-1} + \lambda_6 Size_{it-1}$$
$$+ \lambda_7 Lev_{it-1} + \lambda_8 Roa_{it-1} + \lambda_9 Cfo_{it-1}$$
$$+ \lambda_{10} Dual_{it-1} + \sum Year + \sum Industry + \varepsilon_{it}$$
$$(5-6)$$

参考温忠麟和叶宝娟(2014)的研究方法,本章按如下步骤进行检验:(1)估计模型(5-1)和模型(5-4),如果系数 β_1 显著,表明满足中介效应的第一步检验。(2)估计模型(5-2)、模型(5-3)、模型(5-5)和模型(5-6),如果 χ_1 及 λ_2 的回归系数均显著为正,说明存在显著中介效应,制度环境(Inst)通过高管年薪(Pay)和股权激励(Comp),促进企业创新;在此分析的基础上,如果回归系数 λ_1 显著(不显著),说明高管年薪(Pay)和股权激励(Comp)发挥部分(完全)中介作用。模型(5-1)及模型(5-4)在第三章通过验证,模型(5-2)及模型(5-5)在第四章通过验证,因此,在此基础之上,若模型(5-3)及模型(5-6)通过验证,则假设 H1、假设 H1a 和假设 H1b 得以验证,即高管年薪和高管股权激励在制度环境与企业创新关系中起到了中介作用。

为了检验制度环境、高管货币性薪酬与企业创新之间可能存在的产权差异,本书在模型(5-3)和模型(5-6)的基础上进行分产权性质的实证检验,进一步探究不同产权性质下制度环境、高管货币性薪酬与企业创新三者之间的关系,以验证假设 H2、H2a 和 H2b。

5.3 　实证结果分析与讨论

5.3.1 　描述性统计分析

表 5-2 为主要变量的描述性统计。被解释变量企业创新（$Inno$）的最大值是 0.096，最小值是 0.000，企业创新投入差别较大，同时其中位值是 0.019，可见我国企业创新总体水平不高。制度环境（$Inst$）均值为 8.210，中位值是 8.890，可见我国制度环境总体水平较高。高管年薪（Pay）最大值是 0.004，最小值是 0.000，可见我国企业高管年薪差距较大。股权激励（$Comp$）最大值是 0.633，最小值是 0.000，可见我国企业的高管股权激励差距较大。主要变量统计的情况详见表 5-2。

表 5-2　主要变量的描述性统计

变　量	N	均值	SD	中位值	最小值	最大值	极差
$Inno$	16 236	0.022	0.018	0.019	0.000	0.096	0.096
$Inst$	16 236	8.210	1.647	8.890	3.370	10.000	6.630
Pay	16 236	0.075	0.001	0.001	0.000	0.004	0.004
$Comp$	16 236	0.009 6	0.157	0.006	0.000	0.633	0.633
$Top1$	16 236	34.517	14.367	32.970	8.770	72.880	64.170
$Lnage$	16 236	2.672	0.420	2.773	1.099	3.401	2.303
$Indep$	16 236	0.375	0.053	0.333	0.333	0.571	0.238

变　量	N	均值	SD	中位值	最小值	最大值	极差
$Size$	16 236	21.959	1.238	21.761	19.930	25.968	6.038
Lev	16 236	0.386	0.200	0.370	0.046	0.860	0.814
Roa	16 236	0.043	0.053	0.042	−0.187	0.191	0.378
Cfo	16 236	0.044	0.065	0.042	−0.139	0.227	0.366
$Dual$	16 236	0.306	0.461	0.000	0.000	1.000	1.000

5.3.2　相关性分析

表 5-3 是各变量的相关系数。结果表明,制度环境($Inst$)与企业创新($Inno$)显著正相关,说明优化制度环境能提升企业创新水平。制度环境($Inst$)与高管年薪(Pay)显著正相关。制度环境($Inst$)与高管股权激励($Comp$)显著正相关。

对于高管货币性薪酬与企业创新,高管年薪(Pay)与企业创新($Inno$)显著正相关,股权激励($Comp$)和企业创新($Inno$)显著正相关,表明高管年薪、股权激励的增加可增强企业创新。

除此之外,企业成立年限($Lnage$)、企业规模($Size$)、资产负债比率(Lev)、股权集中度($Top1$)与企业创新($Inno$)显著负相关,表明企业成立年限、规模、资产负债、股权集中,会抑制企业创新;总资产收益率(Roa)、净现金流(Cfo)、独立董事比例($Indep$)、两职合一($Dual$)与企业创新($Inno$)显著正相关,表明企业的总资产收益率、净现金流、独立董事比例以及董事长与总经理两职合一,可以促进企业创新。

表 5-3 各变量的相关系数表

	Inno	Inst	Pay	Comp	Top1	Lnage
Inno	1.000					
Inst	0.176***	1.000				
Pay	0.297***	0.143***	1.000			
Comp	0.164***	0.144***	0.248***	1.000		
Top1	−0.104***	−0.025***	−0.110***	−0.029***	1.000	
Lnage	−0.083***	0.064***	−0.096***	−0.197***	−0.082***	1.000
Indep	0.027***	0.030***	0.022***	0.100***	0.065***	−0.015**
Size	−0.225***	−0.033***	−0.638***	−0.326***	0.164***	0.217***
Lev	−0.207***	−0.081***	−0.431***	−0.288***	0.058***	0.205***
Roa	0.186***	0.071***	0.184***	0.148***	0.098***	−0.099***
Cfo	0.088***	0.041***	0.069***	−0.030***	0.092***	0.041***
Dual	0.102***	0.122***	0.178***	0.507***	−0.016***	−0.099***
	Indep	Size	Lev	Roa	Cfo	Dual
Indep	1.000					
Size	0.008	1.000				
Lev	−0.000	0.566***	1.000			
Roa	−0.030***	−0.083***	−0.395***	1.000		
Cfo	−0.015*	0.060***	−0.135***	0.404***	1.000	
Dual	0.107***	−0.207***	−0.170***	0.076***	−0.015*	1.000

5.3.3 单变量检验

以高管年薪和股权激励均值作为临界值,并将全样本分组,对企业创新进行均值检验分析。以高管年薪和股权激励中位数作为临界值,并将全样本分组,对企业创新进行中位数检验分析。高管年薪、股权激励大于临界值为高管年薪水平较高组、股权激励水平较高组;小于临界值为高管年薪水平较低组、股权激励水平较低组。检验结果如表 5-4 所示。

表 5-4 企业创新的单变量检验

		企业创新($Inno$)		
		全样本	国 企	非国企
均值检验	年薪水平较低组	0.019	0.014	0.020
	年薪水平较高组	0.029	0.025	0.030
	差异性检验	-0.001^{***}	-0.011^{***}	-0.010^{***}
	t 值	-23.345	-13.109	-17.381
中位数检验	年薪水平较低组	0.014	0.008	0.017
	年薪水平较高组	0.022	0.020	0.023
	差异性检验	-0.008^{***}	-0.012^{***}	-0.006^{***}
	z 值	-39.968	-23.645	-27.666
均值检验	股权激励水平较低组	0.020	0.017	0.023
	股权激励水平较高组	0.027	0.031	0.027
	差异性检验	-0.007^{***}	-0.014^{***}	-0.004^{***}
	t 值	-16.461	-12.762	-10.147

续　表

		企业创新（*Inno*）		
		全样本	国　企	非国企
中位数检验	股权激励水平较低组	0.015	0.012	0.019
	股权激励水平较高组	0.021	0.016	0.021
	差异性检验	−0.006***	−0.004***	−0.002***
	z 值	−33.970	−8.216	−17.982

　　表5-4是均值以及中位数检验。结果表明,高管年薪水平、股权激励水平较高组的样本组企业的创新水平显著高于高管年薪水平、股权激励水平较低组的样本组企业的创新水平,且在国企和非国企中均得到类似的结果。检验 *t* 值分别为−23.345、−13.109、−17.381、−16.461、−12.762 和−10.147,均在 1% 的水平上显著。经中位数检验可知,高管年薪水平、股权激励水平较高组和高管年薪水平、股权激励水平较低组的中位数存在显著的差异,检验 *z* 值分别为−39.968、−23.645、−27.666、−33.970、−8.216 和−17.982,均在 1% 的水平上显著。

5.3.4　回归分析

1. 制度环境、高管年薪与企业创新的关系研究

　　表5-5报告了制度环境、高管年薪与企业创新之间的回归分析结果。依据中介效应检验,模型(5-1)中制度环境(*Inst*)对企业创新(*Inno*)的系数 β_1 为 0.116(见表3-5),在 1% 的水平上显著;模型(5-2)中制度环境(*Inst*)对高管年薪(*Pay*)的系数 χ_1 为 0.070(见表4-4),在 1% 的水平上显著;表5-5 第(1)列检验

了在控制中介变量 Pay 后，全样本中制度环境（$Inst$）对企业创新（$Inno$）的相关系数 λ_1 为 0.103，且在 1% 的水平上显著，以及高管年薪（Pay）对企业创新（$Inno$）的系数 λ_2 为 0.190，在 1% 的水平上显著，即模型（5-3）的系数均显著。依据中介效应检验，这一结果表明高管年薪在制度环境与企业创新之间发挥了部分中介作用，即制度环境能够通过高管年薪提升企业创新水平，因此假设 H1a 得以验证。回归分析结果表明，制度环境会通过提升企业的高管年薪来增强企业创新，高管年薪能够作为制度环境影响企业创新的传导机制。

表 5-5　制度环境、高管年薪与企业创新的回归分析

	全样本	国　企	非国企
	Inno	*Inno*	*Inno*
	(1)	**(2)**	**(3)**
Inst	0.103***	0.092***	0.106***
	(0.017)	(0.030)	(0.021)
Pay	0.190***	0.172***	0.194***
	(0.016)	(0.044)	(0.017)
*Top*1	−0.064***	−0.041	−0.062***
	(0.016)	(0.027)	(0.019 8)
Lnage	−0.100***	−0.102**	−0.101***
	(0.019)	(0.044)	(0.022)
Indep	−0.011	0.011	−0.020**
	(0.008)	(0.017)	(0.010)
Size	−0.023	−0.088*	0.010
	(0.023)	(0.046)	(0.028)

续 表

	全样本	国 企	非国企
	Inno	*Inno*	*Inno*
	(1)	(2)	(3)
Lev	0.016 (0.014)	0.029 (0.030)	0.012 (0.016)
Roa	0.070*** (0.009)	0.052*** (0.014)	0.083*** (0.013)
Cfo	−0.000 (0.006)	0.010 (0.011)	−0.004 (0.007)
Dual	0.018 (0.020)	−0.010 (0.048)	0.020 (0.022)
Constant	0.087 (0.087)	−0.334** (0.150)	0.255** (0.107)
Year	控制	控制	控制
Industry	控制	控制	控制
N	13 041	3 721	9 320
R^2	0.208	0.182	0.194

表 5-5 中列(2)和列(3)是对国企和非国企的分组检验结果。可见,制度环境可以通过提升企业的高管年薪增强企业创新,高管年薪是制度环境影响企业创新的传导机制之一。此外,通过比较国有企业和非国有企业的中介效应值与总效应之比,即 $\chi_1 \times \lambda_2 / \beta_1$(0.064×0.172/0.101、0.070×0.194/0.120),可知,这种传导机制在非国有企业中更显著,假设 H2a 通过实证得以验证。

2. 制度环境、高管股权激励与企业创新的关系研究

表 5-6 报告了制度环境、高管股权激励与企业创新的回归分析结果。依据中介效应检验,模型(5-4)中制度环境($Inst$)对企业创新($Inno$)的系数 β_1 为 0.116(见表 3-5),通过显著检验;模型(5-5)中制度环境($Inst$)对高管股权激励($Comp$)系数 χ_1 为 0.054(见表 4-5),在 1% 的水平上显著;表 5-6 第(1)列检验了在控制中介变量高管股权激励($Comp$)后,全样本中制度环境($Inst$)对企业创新($Inno$)的相关系数 λ_1 为 0.114,且在 1% 的水平上显著,以及高管股权激励($Comp$)对企业创新($Inno$)系数 λ_2 为 0.039,通过显著检验,即模型(5-6)的系数显著,依据中介效应检验,这一结果表明高管股权激励在制度环境与企业创新之间发挥了部分中介作用,即制度环境能够通过高管股权激励改善企业创新水平,因此假设 H1b 得到验证。回归分析结果表明,制度环境会通过提升企业的高管股权激励增强企业创新,高管股权激励是制度环境影响企业创新的传导机制之一。

表 5-6 制度环境、高管股权激励与企业创新的回归分析

	全样本	国 企	非国企
	Inno	*Inno*	*Inno*
	(1)	(2)	(3)
Inst	0.114*** (0.017)	0.103*** (0.030)	0.118*** (0.021)
Comp	0.039*** (0.014)	−0.227 (0.296)	0.038*** (0.014)

	全样本	国　企	非国企
	Inno	*Inno*	*Inno*
	(1)	(2)	(3)
*Top*1	−0.065***	−0.042	−0.069***
	(0.016)	(0.026)	(0.020)
Lnage	−0.098***	−0.132***	−0.092 8***
	(0.020)	(0.046)	(0.023)
Indep	−0.012	0.011	−0.023**
	(0.008)	(0.017)	(0.010)
Size	−0.132***	−0.164***	−0.120***
	(0.022)	(0.043)	(0.028)
Lev	0.012	0.020	0.008
	(0.014)	(0.030)	(0.016)
Roa	0.075***	0.058***	0.087***
	(0.009)	(0.014)	(0.013)
Cfo	0.005	0.012	0.002
	(0.006)	(0.011)	(0.008)
Dual	0.000	−0.008	0.002
	(0.020)	(0.048)	(0.023)
Constant	0.089	−0.468**	0.237**
	(0.088)	(0.228)	(0.108)
Year	控制	控制	控制
Industry	控制	控制	控制
N	13 041	3 721	9 320
R^2	0.184	0.156	0.167

表5-6中列(2)和列(3)是对国企和非国企的分组检验结果。通过数据结果可知,制度环境通过提升企业的高管股权激励强化促进了企业创新,高管股权激励是制度环境影响企业创新的传导机制之一。此外,第(2)列中系数 λ_2 为 -0.227,并不显著,根据中介效应检验方法,且制度环境对国企股权激励同样未通过显著性检验(见表4-5),可见,在国企样本中,股权激励的中介效应并未通过显著性检验,即这种传导机制在非国有企业中更显著,验证了假设 H2b。

5.3.5　进一步研究

1. 制度环境、总经理货币性薪酬与企业创新的关系研究

在高管团队中,总经理作为灵魂人物,能够很大程度地反映高管的创新意愿,并在企业创新战略制定和实施中具有决定性作用(潘子成和易志高,2018)。因此,为了进一步研究高管货币性薪酬在制度环境与企业创新中的作用,本部分将总经理货币性薪酬作为高管货币性薪酬的代理变量,进行制度环境、总经理货币性薪酬与企业创新之间的回归分析。

表5-7报告了制度环境、总经理年薪与企业创新的回归分析结果。其中,第(1)列至第(3)列为制度环境对总经理年薪的影响,依据其回归分析结果可知,制度环境对总经理年薪回归分析的系数在全样本、国企样本和非国企样本中分别为0.066、0.066和0.064,且在1%的水平上显著。第(4)列至第(6)列为加入总经理年薪这一中介变量后,制度环境和总经理年薪对企业创新的影响,依据其回归分析结果可知,制度环境与总经理年薪对企业创新回归分析的系数在全样本、国企样本和非国企样本中分

别为 0.107、0.137、0.084、0.105、0.116 和 0.143，且在 1‰ 的水平
上显著。依据中介效应检验，总经理年薪发挥了制度环境影响
企业创新的中介效应，即制度环境会通过提升企业的总经理年
薪提升企业创新水平。

表 5-7　制度环境、总经理年薪与企业创新的回归分析

	全样本	国企	非国企	全样本	国企	非国企
	Cpay	*Cpay*	*Cpay*	*Inno*	*Inno*	*Inno*
	(1)	(2)	(3)	(4)	(5)	(6)
Inst	0.066*** (0.013)	0.066*** (0.018)	0.064*** (0.017)	0.107*** (0.017)	0.084*** (0.028)	0.116*** (0.021)
Cpay				0.137*** (0.013)	0.105*** (0.033)	0.143*** (0.014)
Top1	0.006 (0.013)	0.009 (0.017)	−0.023 (0.017)	−0.064*** (0.016)	−0.047* (0.027)	−0.059*** (0.020)
Lnage	0.001 (0.018)	−0.092*** (0.034)	0.039* (0.021)	−0.105*** (0.020)	−0.097** (0.044)	−0.108*** (0.023)
Indep	−0.010 (0.010)	0.003 (0.012)	−0.020 (0.013)	−0.009 (0.008)	0.006 (0.016)	−0.016 (0.010)
Size	−0.563*** (0.020)	−0.393*** (0.026)	−0.669*** (0.029)	−0.064*** (0.022)	−0.124*** (0.040)	−0.033 (0.029)
Lev	−0.033** (0.014)	−0.055** (0.024)	−0.020 (0.017)	0.014 (0.014)	0.026 (0.027)	0.009 (0.016)
Roa	0.044*** (0.011)	0.031** (0.013)	0.053*** (0.015)	0.072*** (0.010)	0.050*** (0.014)	0.088*** (0.013)
Cfo	0.031*** (0.007)	0.016 (0.011)	0.037*** (0.009)	0.001 (0.006)	0.016 (0.010)	−0.003 (0.007)

续　表

	全样本	国企	非国企	全样本	国企	非国企
	Cpay	*Cpay*	*Cpay*	*Inno*	*Inno*	*Inno*
	(1)	(2)	(3)	(4)	(5)	(6)
Dual	−0.002 (0.024)	−0.012 (0.030)	0.004 (0.028)	0.021 (0.020)	0.015 (0.043)	0.019 (0.023)
Constant	0.427*** (0.150)	−0.149 (0.192)	0.642*** (0.183)	−1.003*** (0.116)	−0.826*** (0.125)	−1.084*** (0.124)
Year	控制	控制	控制	控制	控制	控制
Industry	控制	控制	控制	控制	控制	控制
N	12 857	3 660	9 197	12 857	3 660	9 197
R^2	0.421	0.493	0.384	0.194	0.177	0.182

注：由于总经理和高管的界定范围在数据库中存在差异，因此样本量不同，下同。

表 5-8 报告了制度环境、总经理股权激励与企业创新之间的回归分析结果。其中，第(1)列至第(3)列为制度环境对总经理股权激励的影响，依据其回归分析结果可知，制度环境对总经理股权激励回归分析的系数在全样本、国企样本和非国企样本中分别为 0.051、0.000 和 0.040，且在国企样本中并不显著。列(4)至列(6)为加入总经理股权激励这一中介变量后，制度环境、总经理股权激励和企业创新关系，结果表明，制度环境、总经理股权激励对企业创新的回归分析系数在全样本、国企样本和非国企样本中分别为 0.114、0.028、0.089、−0.345、0.125 和 0.030，且在国企样本中并不显著。依据中介效应检验，在全样本中，总经理股权激励发挥了制度环境影响企业创新的中介效应，即制

度环境会通过提升企业的总经理股权激励提升企业创新水平，但是在国企样本中未通过检验，这一结论与前文一致。

表 5-8　制度环境、总经理股权激励与企业创新的回归分析

	全样本	国企	非国企	全样本	国企	非国企
	Comp	*Comp*	*Comp*	*Inno*	*Inno*	*Inno*
	(1)	(2)	(3)	(4)	(5)	(6)
Inst	0.051*** (0.014)	0.000 (0.003)	0.040** (0.020)	0.114*** (0.017)	0.089*** (0.029)	0.125*** (0.021)
Comp				0.028** (0.012)	−0.345 (0.377)	0.030** (0.012)
*Top*1	0.065*** (0.015)	−0.005*** (0.001)	0.090*** (0.020)	−0.065*** (0.016)	−0.047* (0.026)	−0.064*** (0.020)
Lnage	−0.113*** (0.021)	−0.024*** (0.007)	−0.084*** (0.026)	−0.103*** (0.020)	−0.118** (0.046)	−0.100*** (0.023)
Indep	0.014 (0.010)	0.001 (0.001)	0.021 (0.014)	−0.011 (0.008)	0.007 (0.015)	−0.019* (0.010)
Size	−0.149*** (0.017)	−0.003 (0.003)	−0.152*** (0.025)	−0.137*** (0.022)	−0.165*** (0.039)	−0.122*** (0.028)
Lev	−0.028** (0.013)	−0.005** (0.002)	−0.017 (0.017)	0.011 (0.014)	0.019 (0.027)	0.006 (0.016)
Roa	0.032*** (0.008)	0.001 (0.001)	0.039*** (0.012)	0.077*** (0.010)	0.053*** (0.014)	0.094*** (0.013)
Cfo	−0.017*** (0.006)	−0.001* (0.001)	−0.018** (0.008)	0.005 (0.006)	0.017 (0.011)	0.001 (0.007)
Dual	0.572*** (0.031)	0.007** (0.003)	0.672*** (0.036)	0.005 (0.020)	0.019 (0.042)	0.001 (0.023)

续　表

	全样本	国企	非国企	全样本	国企	非国企
	Comp	*Comp*	*Comp*	*Inno*	*Inno*	*Inno*
	(1)	**(2)**	**(3)**	**(4)**	**(5)**	**(6)**
Constant	−0.227*** (0.057)	−0.499*** (0.021)	−0.180** (0.078)	−0.942*** (0.131)	−0.936*** (0.253)	−0.993*** (0.144)
Year	控制	控制	控制	控制	控制	控制
Industry	控制	控制	控制	控制	控制	控制
N	12 857	3 660	9 197	12 857	3 660	9 197
R^2	0.350	0.071	0.320	0.181	0.156	0.168

2. 制度环境、高管年薪差距与企业创新的关系研究

根据社会比较理论,企业高管不仅重视其获取的绝对薪酬,也会注重相对薪酬。企业参考同行业高管年薪水平制定本企业的高管年薪,因此企业高管会与同业高管年薪进行对比,了解年薪水平是否公允,并根据自身的公平感改变其管理行为。企业创新是一项高风险、长周期的活动,高管的年薪差距会对企业的创新意愿和创新活动产生重要影响。本部分研究高管的年薪差距对企业创新的影响,以及制度环境对这一影响的交互作用。

本研究借鉴张志宏和朱晓琳(2018)研究方法,将高管年薪最高的前 3 位加总后取均值作为企业高管年薪均值的代理变量,当企业高管年薪均值高于行业年薪均值时,年薪差距为企业的高管年薪均值与行业高管年薪均值之比,记为 *Gap*1;当企业高管年薪均值低于行业年薪均值时,年薪差距为行业高管年薪均值与企业的高管年薪均值之比,记为 *Gap*2。*Gap*1 和 *Gap*2

是本研究高管年薪差距的替代变量。采用模型(5-7)验证高管年薪差距对企业创新的影响以及对国企样本与非国企样本的分组检验,Gap 包括 $Gap1$ 和 $Gap2$;采用模型(5-8)验证制度环境对高管年薪差距与企业创新之间关系的影响。

$$
\begin{aligned}
Inno_{it} = & \alpha_0 + \beta_1 Gap_{it} + \beta_2 Top1_{it-1} + \beta_3 Lnage_{it-1} \\
& + \beta_4 Indep_{it-1} + \beta_5 Size_{it-1} + \beta_6 Lev_{it-1} \\
& + \beta_7 Roa_{it-1} + \beta_8 Cfo_{it-1} + \beta_9 Dual_{it-1} \\
& + \sum Year + \sum Industry + \varepsilon_{it}
\end{aligned}
$$

$$(5\text{-}7)$$

$$
\begin{aligned}
Inno_{it} = & \alpha_0 + \beta_1 Gap_{it} + \beta_2 Inst_{it-1} + \beta_3 Gap_{it} * Inst_{it-1} \\
& + \beta_4 Top1_{it-1} + \beta_5 Lnage_{it-1} + \beta_6 Indep_{it-1} \\
& + \beta_7 Size_{it-1} + \beta_8 Lev_{it-1} + \beta_9 Roa_{it-1} + \beta_{10} Cfo_{it-1} \\
& + \beta_{11} Dual_{it-1} + \sum Year + \sum Industry + \varepsilon_{it}
\end{aligned}
$$

$$(5\text{-}8)$$

表 5-9 列示了制度环境、高管年薪差距(高于行业平均值)与企业创新的回归分析结果。其中,第(1)列至第(3)列为高于行业平均值的高管年薪差距对企业创新的影响,依据其回归分析结果可知,高于行业平均值的高管年薪差距对企业创新的影响系数在全样本、国企样本和非国企样本中分别为 0.119、0.092 和 0.122,且通过显著性水平检验,可见,若高管薪酬高于行业平均水平,那么,此时的薪酬差距会提升企业创新水平。列(4)至列(6)是加入交互项后结果,结果显示,高于行业平均值的高管年薪差距与制度环境的交互项对企业创新的影响系数在全样

本、国企样本和非国企样本中分别为 0.045、0.074 和 0.034，且通过显著性水平检验，可见，当高管年薪水平高于行业均值时，制度环境的改善能够强化年薪差距对企业创新产生正向影响。

表 5-9 制度环境、高管年薪差距(高于行业平均值)与企业创新的回归分析

	全样本	国企	非国企	全样本	国企	非国企
	Inno	*Inno*	*Inno*	*Inno*	*Inno*	*Inno*
	(1)	(2)	(3)	(4)	(5)	(6)
$Gap1$	0.119*** (0.019)	0.092** (0.046)	0.122*** (0.021)	0.117*** (0.018)	0.105** (0.047)	0.120*** (0.020)
$Inst*Gap1$				0.045*** (0.016)	0.074* (0.045)	0.034* (0.018)
$Inst$				0.016 (0.044)	−0.147 (0.129)	0.053 (0.046)
$Top1$	−0.041 (0.031)	−0.031 (0.107)	−0.047 (0.032)	−0.044 (0.031)	−0.029 (0.107)	−0.051 (0.032)
$Lnage$	−0.127*** (0.030)	−0.333*** (0.088)	−0.110*** (0.032)	−0.123*** (0.029)	−0.322*** (0.087)	−0.107*** (0.032)
$Indep$	−0.021 (0.017)	0.069 (0.054)	−0.034* (0.018)	−0.021 (0.017)	0.066 (0.054)	−0.033* (0.018)
$Size$	0.100 (0.070)	0.393* (0.226)	0.057 (0.072)	0.108 (0.071)	0.408* (0.233)	0.062 (0.072)
Lev	0.027 (0.024)	0.035 (0.058)	0.031 (0.026)	0.028 (0.023)	0.033 (0.060)	0.032 (0.026)
Roa	0.089*** (0.018)	0.008 (0.028)	0.109*** (0.021)	0.087*** (0.018)	0.009 (0.028 5)	0.107*** (0.021)
Cfo	−0.010 (0.012)	0.060** (0.030)	−0.029** (0.013)	−0.010 (0.012)	0.060** (0.029)	−0.028** (0.014)

续　表

	全样本	国企	非国企	全样本	国企	非国企
	Inno	*Inno*	*Inno*	*Inno*	*Inno*	*Inno*
	(1)	(2)	(3)	(4)	(5)	(6)
Dual	−0.001 (0.034)	0.086 (0.119)	−0.011 (0.036)	−0.000 (0.035)	0.085 (0.119)	−0.009 (0.036)
Constant	0.505*** (0.167)	0.370 (0.389)	0.503*** (0.189)	0.588*** (0.168)	0.380 (0.369)	0.581*** (0.190)
Year	控制	控制	控制	控制	控制	控制
Industry	控制	控制	控制	控制	控制	控制
N	3 906	573	3 333	3 906	573	3 333
R^2	0.157	0.170	0.159	0.172	0.182	0.178

表 5-10 列示了制度环境、高管年薪差距(低于行业平均值)与企业创新的回归分析结果。其中,第(1)列至第(3)列为低于行业平均值的高管年薪差距对企业创新的影响,依据其回归分析结果可知,低于行业平均值的高管年薪差距对企业创新的影响系数在全样本、国企样本和非国企样本中分别为−0.013、−0.009 和−0.031,且通过显著性水平检验,可见低于行业平均水平的薪酬差距对企业创新产生负向影响。第(4)列至第(6)列为加入交互项后结果,结果显示,低于行业平均值的高管年薪差距与制度环境的交互项对企业创新的影响系数在全样本、国企样本和非国企样本中分别为−0.002、−0.001 和−0.014,并且显著,可见,当高管年薪水平低于行业均值时,制度环境的改善会加强年薪差距对企业创新的抑制作用。

表 5-10　制度环境、高管年薪差距(低于行业平均值)与
企业创新的回归分析

	全样本	国企	非国企	全样本	国企	非国企
	Inno	*Inno*	*Inno*	*Inno*	*Inno*	*Inno*
	(1)	(2)	(3)	(4)	(5)	(6)
$Gap2$	−0.013*** (0.002)	−0.009*** (0.002)	−0.031*** (0.005)	−0.014*** (0.002)	−0.009*** (0.002)	−0.034*** (0.005)
$Inst \times Gap2$				−0.002* (0.001)	−0.001 (0.001)	−0.014*** (0.005)
$Inst$				0.107*** (0.021)	0.095*** (0.032)	0.141*** (0.030)
$Top1$	−0.059*** (0.019)	−0.033 (0.026)	−0.066** (0.027)	−0.058*** (0.019)	−0.031 (0.026)	−0.066** (0.027)
$Lnage$	−0.056** (0.024)	−0.061 (0.052)	−0.047* (0.028)	−0.050** (0.023)	−0.064 (0.052)	−0.041 (0.027)
$Indep$	−0.001 (0.009)	−0.011 (0.013)	0.004 (0.013)	−0.000 (0.009)	−0.010 (0.013)	0.003 (0.013)
$Size$	−0.060** (0.029)	−0.077 (0.047)	−0.027 (0.041)	−0.059** (0.029)	−0.086* (0.047)	−0.021 (0.039)
Lev	0.016 (0.017)	0.028 (0.033)	0.011 (0.020)	0.017 (0.017)	0.032 (0.033)	0.009 (0.020)
Roa	0.060*** (0.011)	0.046*** (0.016)	0.076*** (0.017)	0.059*** (0.011)	0.046*** (0.016)	0.075*** (0.017)
Cfo	0.004 (0.006)	0.002 (0.010)	0.006 (0.009)	0.004 (0.006)	0.002 (0.010)	0.006 (0.009)
$Dual$	0.033 (0.026)	0.019 (0.042)	0.037 (0.032)	0.026 (0.025)	0.014 (0.043)	0.034 (0.031)

续　表

	全样本	国企	非国企	全样本	国企	非国企
	Inno	*Inno*	*Inno*	*Inno*	*Inno*	*Inno*
	(1)	(2)	(3)	(4)	(5)	(6)
Constant	−1.003*** (0.099)	−0.982*** (0.152)	−1.018*** (0.125)	−1.007*** (0.102)	−0.772*** (0.181)	−1.034*** (0.130)
Year	控制	控制	控制	控制	控制	控制
Industry	控制	控制	控制	控制	控制	控制
N	7 680	2 876	4 804	7 680	2 876	4 804
R^2	0.118	0.129	0.108	0.138	0.146	0.131

3. 倾向得分匹配(PSM)分析

为了更准确地分析股权激励对企业创新的影响,本部分使用倾向得分匹配(PSM)进行深入分析。为寻找实施股权激励计划企业的可比样本,本研究选取股权集中度、企业成立年限、独立董事比例、企业规模、资产负债比率等相似企业作为控制组。匹配前后的具体情况如图 5-1、图 5-2 所示。图中,横轴表示倾向得分,为采用 logistic 回归在选用股权集中度、总资产收益率、净现金流以及两职合一等指标基础上得出的倾向得分;纵轴为核密度,为不设定任何数据分布情况下取得的数据分布密度。对比图 5-1 和图 5-2 可见,匹配后拟合得更好,因此实验组和控制组在其他维度更具可比性,实验组和控制组的显著差别在于是否实施股权激励计划。

分别运用最近邻匹配法、半径匹配法以及核匹配法三种方法检验匹配前后实验组与控制组在企业创新方面的不同。

表 5-11 显示了采用倾向得分匹配（PSM）验证的股权激励对企业创新的影响。本部分分别采用董事会持股（$Comp1$）、监事会持股（$Comp2$）、高管持股（$Comp3$）和管理层持股（$Comp4$）作为股权激励的代理变量，研究股权激励对企业创新的影响。由表 5-11 可知，董事会持股（$Comp1$）、监事会持股（$Comp2$）、高管持股（$Comp3$）和管理层持股（$Comp4$）采取的三类匹配方法中，实验组和控制组均具有显著性正向差异，因此股权激励的强化有利于创新水平的提升，说明本章的多元回归检验结论具有稳健性。

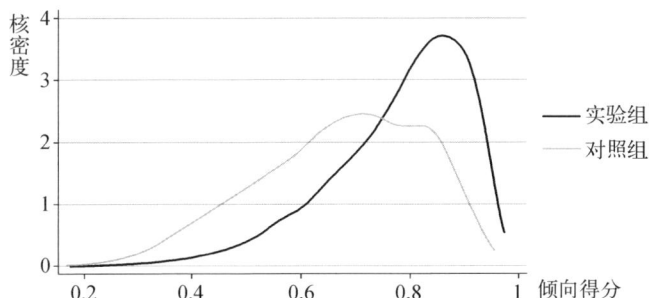

图 5-1　匹配前的密度函数图

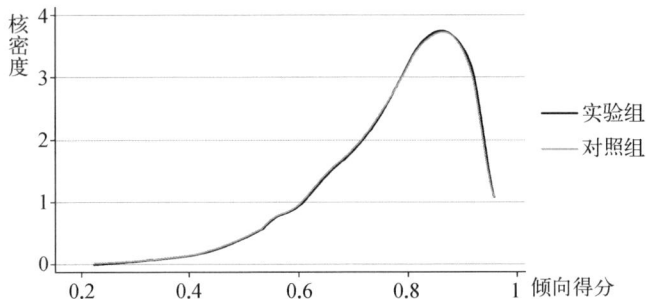

图 5-2　匹配后的密度函数图

表 5-11　股权激励对企业创新的倾向得分
匹配模型(PSM)结果

变　量	方　法	样本	实验组	控制组	ATT	标准误	t 值
*Comp*1	最近邻匹配	匹配前	0.023	0.017	0.006	0.000	17.980***
		匹配后	0.023	0.019	0.004	0.000	8.550***
	半径匹配	匹配前	0.023	0.017	0.006	0.000	17.980***
		匹配后	0.023	0.020	0.003	0.000	7.880***
	核匹配	匹配前	0.023	0.017	0.006	0.000	17.980***
		匹配后	0.023	0.019	0.004	0.000	10.030***
*Comp*2	最近邻匹配	匹配前	0.023	0.021	0.002	0.000	7.900***
		匹配后	0.023	0.022	0.006	0.000	1.890***
	半径匹配	匹配前	0.023	0.021	0.002	0.000	7.900***
		匹配后	0.023	0.022	0.001	0.000	1.900***
	核匹配	匹配前	0.023	0.021	0.002	0.000	7.900***
		匹配后	0.023	0.022	0.001	0.000	3.100***
*Comp*3	最近邻匹配	匹配前	0.023	0.017	0.006	0.000	19.830***
		匹配后	0.023	0.019	0.004	0.000	11.800***
	半径匹配	匹配前	0.023	0.017	0.006	0.000	19.830***
		匹配后	0.023	0.019	0.005	0.001	11.800***
	核匹配	匹配前	0.023	0.017	0.006	0.000	19.830***
		匹配后	0.023	0.018	0.005	0.000	13.830***
*Comp*4	最近邻匹配	匹配前	0.023	0.017	0.006	0.000	15.300***
		匹配后	0.023	0.019	0.003	0.000	7.150***

变　量	方　法	样　本	实验组	控制组	ATT	标准误	t 值
*Comp*4	半径匹配	匹配前	0.023	0.017	0.006	0.000	15.300***
		匹配后	0.023	0.019	0.003	0.000	7.150***
	核匹配	匹配前	0.023	0.017	0.006	0.000	15.300***
		匹配后	0.023	0.019	0.004	0.001	9.270***

5.4　稳健性检验

借鉴罗宏等(2016)、尹美群等(2018)文献,用董事薪酬的前三位来衡量高管年薪($Epay$)以及用董事、监事和高级管理人员的持股比例来衡量股权激励($Ecomp$),重新进行检验。

表5-12报告了制度环境、高管年薪与企业创新之间的稳健性检验结果。制度环境与高管年薪对企业创新的系数为0.103、0.172,且在1%的水平上显著。由于制度环境对企业创新的影响通过显著性检验(见表3-5),董事薪酬的前三位($Epay$)对企业创新的影响通过显著性检验(见表4-13),结合表5-12中列(1)的系数,依据中介效应检验可知,高管年薪发挥了制度环境影响企业创新的中介效应,即制度环境通过提升企业的高管年薪可增强企业创新水平。

表5-12中列(2)和列(3)是考察产权性质差异的稳健性检验结果。依据中介效应检验,国企和非国企高管年薪在制度环

境与企业创新中发挥了中介作用。进一步地,通过比较国企和非国企的中介效应值与总效应之比,即 $\chi_1 \times \lambda_2 / \beta_1$($0.064 \times 0.159/0.101$、$0.070 \times 0.175/0.120$),可知,这种中介效应在非国有企业中更显著。

表 5-12　制度环境、高管年薪与企业创新的稳健性检验

	全样本	国　企	非国企
	Inno	*Inno*	*Inno*
	(1)	(2)	(3)
Inst	0.103*** (0.017)	0.094*** (0.030)	0.107*** (0.021)
Epay	0.172*** (0.016)	0.159*** (0.050)	0.175*** (0.016)
*Top*1	−0.062*** (0.016)	−0.041 (0.027)	−0.059*** (0.020)
Lnage	−0.101*** (0.019)	−0.114*** (0.043)	−0.101*** (0.022)
Indep	−0.007 (0.008)	0.013 (0.017)	−0.016 5 (0.010)
Size	−0.038 (0.023)	−0.107** (0.046)	−0.006 (0.028)
Lev	0.016 (0.014)	0.025 (0.030)	0.012 (0.016)
Roa	0.068*** (0.009)	0.051*** (0.014)	0.080 3*** (0.013)
Cfo	0.001 (0.006)	0.010 (0.011)	−0.003 (0.007)

续　表

	全样本	国　企	非国企
	Inno	*Inno*	*Inno*
	(1)	(2)	(3)
Dual	0.025 (0.020)	−0.007 (0.048)	0.031 (0.023)
Constant	0.080 (0.087)	−0.300** (0.151)	0.227** (0.108)
Year	控　制	控　制	控　制
Industry	控　制	控　制	控　制
N	13 041	3 721	9 320
R^2	0.196	0.175	0.181

表 5-13 报告了制度环境、高管股权激励与企业创新稳健性检验结果。制度环境与高管股权激励对企业创新的系数为0.111、0.062,且在 1% 的水平上显著。由于制度环境对企业创新的影响通过显著性检验(见表 3-5),采用董事、监事、高级管理人员的持股比例对企业创新的影响通过显著性检验(见表4-14)。结合表 5-13 第(1)列的系数,依据中介效应检验可知,高管股权激励在制度环境和企业创新之间具有中介效应,即制度环境通过强化企业的高管股权激励提升企业创新水平。

由表 5-13 的第(2)列的分析可知,制度环境与高管股权激励的系数为 0.104、−0.219,且股权激励对企业创新的影响不显著,这表明国有企业高管股权激励并未在制度环境与企业创新中发挥中介作用,即制度环境不能够通过国企高管股权激励影响企业创新。由表 5-13 的第(3)列的结果可知,制度环境与高管股权激励系数为 0.117、0.062,且在 1%水平上显著,依据中介效应检验可知,非国有企业高管股权激励在制度环境与企业创新中发挥了中介作用,即制度环境的改善能够通过增加非国有企业高管股权激励影响来提升企业创新水平。

表 5-13 的结果显示,高管股权激励是制度环境向微观企业创新传导过程中的重要渠道,且国有企业股权激励在制度环境影响企业创新方面的中介作用并未通过显著性检验,换句话说,股权激励作为企业创新的传导机制在非国有企业中更显著。

表 5-13　制度环境、高管股权激励与企业创新的稳健性检验

	全样本	国　企	非国企
	Inno	*Inno*	*Inno*
	(1)	(2)	(3)
Inst	0.111*** (0.017)	0.104*** (0.030)	0.117*** (0.021)
Ecomp	0.062*** (0.018)	−0.219 (0.200)	0.062*** (0.018)
*Top*1	−0.065*** (0.016)	−0.043 (0.027)	−0.070*** (0.020)
Lnage	−0.091*** (0.020)	−0.133*** (0.045)	−0.087*** (0.023)
Indep	−0.012 (0.008)	0.011 (0.017)	−0.022** (0.010)
Size	−0.126*** (0.023)	−0.163*** (0.043)	−0.115*** (0.028)

续　表

	全样本	国　企	非国企
	Inno	*Inno*	*Inno*
	(1)	(2)	(3)
Lev	0.013 (0.014)	0.019 (0.030)	0.010 (0.016)
Roa	0.073*** (0.009)	0.058*** (0.014)	0.086*** (0.013)
Cfo	0.005 (0.006)	0.012 (0.011)	0.002 (0.008)
Dual	0.004 (0.020)	−0.011 (0.048)	0.007 (0.022)
Constant	0.091 (0.088)	−0.501** (0.213)	0.226** (0.108)
Year	控制	控制	控制
Industry	控制	控制	控制
N	13 041	3 721	9 320
R^2	0.183	0.157	0.167

5.5　本章小结

　　本章基于新制度经济学理论和最优契约理论,以中国 2009—2018 年 A 股上市公司为研究对象进行实证分析,以我国特有制度环境为切入点,研究制度环境、高管货币性薪酬与企业创新之间的关系。研究的结论有如下几点：（1）制度环境能够通过高管年薪的增加提升企业创新水平，由于我国颁布的限薪政策，这一传导效应在非国有企业中更明显。（2）制度环境通过股权激励这一中介效应影响企业创新，由于与非国企相比，我国国企作为国家的资产，若股权激励明显，则会存在国家资产流失的巨大风险，因此，我国对于国企的股权激励处于较低的水平，这与企业的性质密切相关。因此，由于国企低水平的股权激励，制度环境通过股权激励这一中介效应影响企业创新在非国企中更明显。由此可知，货币性薪酬作为中介，能够促使制度环境影响企业创新，即制度环境通过货币性薪酬的传导，最终影响企业创新，由于非国企中货币性薪酬激励更明显，非国企中的传导效应也更显著。

本章的研究结论从高管货币性薪酬及企业创新视角检验了中国制度环境对微观企业行为的深远影响；通过中介效应的逐步回归法实证检验了制度环境对企业高管年薪及股权激励的影响，并深入挖掘制度环境如何通过企业高管年薪及股权激励的中介效应影响企业创新，在很大程度上深化了企业所处的外部环境与企业创新活动的相关研究。除此之外，本章研究不仅从理论上分析了我国特有的制度环境对企业创新活动的影响，还为现实中决策层优化高管激励机制、激发企业家提供经验依据。

第六章

制度环境、高管非货币性薪酬与企业创新的关系研究

6.1　问题的提出与理论分析

6.1.1　研究问题的提出

高管薪酬是公司内部的重要激励机制,其设计的初衷是降低股东和高管的代理成本。在现实经济活动中,当高管获取的货币性薪酬不足时,会寻求非货币性薪酬(在职消费)进行弥补,以达到自身效用最大化。虽然对在职消费的研究众多,但是对于在职消费对企业、对股东是正面影响还是负面影响,至今尚未有定论。一种观点认为,在职消费是激励的一种,为高管提供优越的工作环境、增强其办公效率,是高管货币性薪酬不足时的有益补充,因此,在职消费的存在对公司而言是有益的(Rajan 和 Wulf,2006)。另一种观点认为,在职消费对企业而言,支付了更多的成本,却没有在企业价值上得到体现,本质上是代理成本,滋生了高管蚕食股东资产的动机(Robinson 和 Sensoy,2013;权小锋等,2010)。本书在第五章货币性薪酬研究的基础上,将研究扩展到非货币性薪酬,深入挖掘制度环境通过在职消费最终影响企业创新的内在逻辑。

现有文献对制度环境与高管在职消费的关系从多个视角展

开了研究。有学者针对我国目前所处的转型经济特殊时期,从薪酬管制以及冗员负担方面研究高管在职消费的制度性原因(吴成颂等,2015)。更进一步的研究指出,对于企业家而言,在职消费有助于企业家发挥自身才干,努力工作,达到自我实现的目的,同时,在激励水平低的企业中,在职消费也是对高管激励的补充(戚聿东和钟涵,2009)。关于在职消费与企业创新的关系,有学者指出,在职消费提升了高管的物质水平,为高管提供更好的福利,缓解了高管在薪酬方面的后顾之忧,从而促进了技术创新投入(郭淑娟等,2017;谷丰等,2018)。然而,肖利平(2016)指出,与股权激励、高管年薪相比,在职消费与高管的权利、行政级别挂钩,在企业中,高管的级别越高,在职消费也会相应处于高水平,从这个意义上来说,在职消费体现的是特权,因此,在职消费挤占了企业的研发支出,且在职消费常常体现在非生产性活动中,侵蚀了创新资源和企业资产,不利于企业创新。更为重要的是,现有关于在职消费与企业创新的研究较少以我国现阶段弘扬创新精神的制度环境为背景进行考察。

本章立足于我国特有的制度背景,在新制度经济学理论和管理层权力理论基础上,对制度环境、高管非货币性薪酬(在职消费)与企业创新的关系进行深入研究。

6.1.2　理论分析与研究假设

国外学者对于企业在职消费的研究较为丰富,且形成了两种对立的观点。Jensen 和 Meckling(1976)基于委托代理理论,提出在没有监督时,高管如果能自由选择薪酬,他们会利用增加非货币性薪酬来获取个人的私利。另外,拥有股权较少的高管,在职消费的成本由其自身承担的部分微乎其微,这时高管就会偏好更多的非货币性薪酬。Hart(2001)指出,高管通过在职消费蚕食公司的各项资产,损害股东利益,应该被划分为代理成本的一部分。Yermack(2006)通过研究发现,CEO对于私人飞机的使用属于在职消费的一部分,侵蚀了公司资产。Gul et al.(2011)在对公司数据分析的基础上发现,一个企业在职消费越多,其发布的财务报告的质量越低。与此相反,有学者的研究支持了效率观假说。Fama(1980)指出,若公司的雇佣合约得当,高管的在职消费能够在很大程度上鼓励高管努力工作,进而正向影响公司的价值。Wulf(2006)分析上市公司数据后发现,分配高管专用的私人飞机并非企业的随意行为,为高管配备私人飞机的企业都距离机场有较大的距离,从这个意义上看,在职消费能够在很大程度地改善高管的工作条件,提高工作效率,进而提升公司效益。之后,Yermack(2006)的研究表明,配置私人飞机的特殊权利可能被高管滥用。

与国外关于在职消费的两大对立观点不同,我国学者在对在职消费的研究中普遍认为在职消费呈现的是代理问题,支持效率观的研究较少(陈冬华等,2005;周仁俊等,2010;逯东等,2012)。中国对于在职消费代理观的研究现状与我国社会的主流价值判断有一定的关系,在职消费往往被视为灰色收入,与公正、平等的市场经济不符,在职消费常被视为不良形象,我国的决策层也出台多项措施来规范政府、事业单位以及众多国企的"三公支出"等在内的在职消费。周玮等(2011)通过实证分析指出,我国现阶段制度环境的不完善以及市场配置资源的不健全影响了我国企业的行为活动,企业为获得市场优势和稀缺资源,会寻求替代性机制,建立和维持政企关系网就成了企业的不二选择。在非国有企业看来,企业与政府之间的政治亲密度越高,越有利于企业占据市场优势地位,在职消费是非国企应对制度不健全的一种方式,反映的是我国特有制度环境下企业不得不承担的交易成本。

陈冬华等(2005)依据数据分析发现,政府干预越多,国企承担的政策性负担就越大,企业的目标就越多元,政府由于处于信息劣势方,难以区分国企的真实业绩,在这种情况下,设计和实施整齐划一的薪酬机制就成为政府的不二选择。因此,当面临严格的薪酬管制时,作为理性的经济人,企业高管就会通过在职消费获得弥补。除此之外,根据"锚定原理",非国企在设定薪酬契约时,会借鉴同地区、同行业国企的高管薪酬,但是在薪酬管制具体实施过程中,非国企高管薪酬中的在职消费虽不存在政治晋升,却可能会诱发更严重的道德风险。

在冗员负担与高管在职消费的研究方面,由于国企的特殊性质,不得不肩负一系列政策性负担。同时,现阶段我国经济面临转型压力,但产权制度尚未成熟,市场机制同样并不成熟,企业处于劣势,也可能会被政府要求承担冗员,国有企业借机寻求政策补贴。现阶段而言,我国高管年薪与企业日常经营业绩直接挂钩,因此承担冗员负担的企业往往意味着企业业绩的下降,进而导致高管货币性薪酬的降低,作为理性的经济人,高管可能会选择其他的方式,如在职消费进行补偿(吴成颂等,2015)。张敏等(2013)通过对我国上市公司的研究指出,在职消费与企业担负的冗员数量密切相关。首先,冗员增加了高管的经营难度,影响企业业绩,企业会因此增加高管的在职消费,此时的在职消费是对货币性薪酬的补充,因此这一部分的在职消费正向影响企业业绩。其次,企业业绩下滑是一个结果,到底是冗员,还是高管经营水平低导致的,企业并不知情。由于信息不对称,企业更是难以准确判断。作为理性的经济人,高管很可能将企业业绩问题归因于冗员,并要求企业提供更多的在职消费。因此,从这个角度来说,良好的制度环境下,企业的在职消费水平会有所下降。

然而,有学者指出,企业家作为企业的重要经营者,不仅有强烈的成就欲望,同样也有强烈的权力欲望。当企业家掌握了与其职位相匹配的权力时,企业家的积极性被激发,责任心被调动,企业家的才能得以充分发挥,在这种意义上,赋予企业家权力具有重要的意义。原因在于:首先,权力在很大程度上可激励企业家发挥才能和企业家精神,有利于企业家在日常的经营活动中激发自身潜能。其次,权力满足企业家优越于他人、觉得自己处于核心地位的心理需求。最后,企业家拥有的职位特权和职务消费,增强了企业家的物质满足感,可弥补货币性薪酬的激励不足(戚聿东和钟涵,2009)。陈冬华等(2010)在对我国公司研究中指出,市场化水平越高,货币性薪酬和在职消费均变得越多。现阶段我国政府大力优化企业外部环境,推动发展创新,弘扬企业家精神,达到经济转型的目的。发挥企业家精神需要对高管提供一定的物质激励,在职消费就是其中之一。

关于在职消费与企业创新的关系,在职消费除了可以被视为一种高管专有的福利外,还能够在很大程度上保障高管的权益,提高高管工作效率,有利于提高企业的技术创新投入。郭淑娟等（2017）以 2011—2015 年我国上市的高科技企业为样本研究发现，科技企业技术创新投入与高管货币性薪酬和在职消费均显著正相关。谷丰等（2018）研究发现，在职消费也是激励的一种，能够激励高管努力工作，最终增加公司收益。进一步地，随着企业业绩提升，高管会得到股东更多的认可，在这种情况下，股东也会给予高管更大程度的在职消费。由于创新能够提升企业业绩，因此在职消费也能在一定程度上促进企业创新投资。此外，谷丰等（2018）以创业板公司为研究样本，基于企业发展生命周期视角进行研究，发现在职消费促进了企业创新投资。在职消费对企业而言是有益的，可以激励高管，能够提高高管的工作效率（陈冬华等，2005）。同时，与政府建立和维持关系网络可帮助企业获得更多的稀缺资源，减少交易成本，提高公司收益。近几年来，我国决策层颁布了与在职消费相关的政策，加强了在职消费的积极效应，在职消费中自娱性的消费也在减少（孙莹，2017）。因此，可提出以下假设：

H1a：制度环境的改善能够通过在职消费提升企业创新水平。

在职消费自身特点决定了其与货币性薪酬有很大的不同，相对来说较为隐蔽。作为高管的私人收益，过多的在职消费，尤其是在职消费中的自娱性消费，通常被高管用于非生产性活动，高管借此攫取创新资源以及企业资产。肖利平（2016）指出，高管的在职消费比股权激励、高管年薪更为隐蔽，受到高管权力和行政级别影响，实则为高管获得的"基于权力的私人收益"。高管为获得这一收益，偏好于为了职位努力，在企业经营过程中注重短期绩效考核，规避长期性和高风险的创新活动。因此，他认为，在职消费是在货币性薪酬较低时对其的有效补充的观点是不符合现实的。高管在企业经营管理中,更多的是将在职消费的资金用于非生产性的各类活动里,创新资源在很大程度上被挪用了。并且,他通过研究发现,在职消费对于企业而言,挤占了企业研发投入。因此,可提出以下假设:

H1b:制度环境的改善能够通过在职消费降低企业创新水平。

在职消费是一种物质激励,但是有别于传统的薪酬形式,在职消费是基于高管级别的控制权收益(罗宏和黄文华,2008),在职消费能够弥补货币性薪酬的不足。我国国企具有一定的特殊性,既有股东和董事会之间的代理联系,也有董事会和高管的代理联系。与非国有企业有很大的不同,国有企业的董事会成员不是常规意义上的所有者,而是代理者,因此在国企中企业家也是代理人,这种情况会导致更严重的所有者缺位问题。由于国企代理问题较为严重,企业家也因此拥有更大的职权,国企高管基于利益最大化的诉求很可能会通过在职消费这一隐性契约攫取公司收益。由此可见,国企中的高管,其获得的在职消费水平远远高于非国企高管。陈冬华等(2005)和卢锐等(2008)通过对我国上市公司数据的分析发现,由于我国高管货币性薪酬较低、监管环境的约束性不强,在职消费作为薪酬的一种,在高管的整体薪酬里拥有极大的比重。阮素梅和杨善林(2013)在对我国上市公司数据的分析基础上指出,企业性质不同,在职消费对企业业绩的影响也会不同。夏冬林和李晓强(2004)的研究发现,国企高管在职消费和高管年薪呈现此消彼长的关系;而在非国企,两者是正向互补关系。同时,企业家的权力明显高于普通高管,当货币性薪酬较低时,将利用其权力侵占更多隐性契约收益。结合我国特有的制度环境,目前国企高管的在职消费情况较规范。根据上述文献分析，提出如下假设：

H2a：制度环境通过高管在职消费促进企业创新在非国有企业中更为显著。

H2b：制度环境通过高管在职消费促进企业创新在国有企业中更为显著。

6.2　研究设计

6.2.1　数据来源与变量定义

本章数据样本与第三章相同，共 16 236 个样本量，2 862 家样本公司。由于模型中部分数据采用滞后一期处理，最终共有 13 041 个样本量。相关变量的定义如下：关于在职消费，参考牟韶红等(2016)研究，采用管理费用中扣除董事薪酬、监事薪酬、高管薪酬、长期待摊费用等其他不属于在职消费项目后的金额，同时本研究对各年度的在职消费额进行取对数处理。主要变量的定义如表 6-1 所示。

表 6-1　变量的定义

变　　量	变量符号	变　量　定　义
制度环境	*Inst*	王小鲁等人中国地区市场化指数评分
企业创新	*Inno*	研发投入/总资产
在职消费	*Perk*	管理费用扣除董事、高管及监事会成员薪酬、长期待摊费用以及当年无形资产摊销额等后取对数

变　量	变量符号	变　量　定　义
股权集中度	$Top1$	第一大股东持股总数/总股数
企业成立年限	$Lnage$	企业年龄的自然对数
独立董事比例	$Indep$	独立董事人数之和/董事会人数之和
企业规模	$Size$	期末总资产的自然对数
资产负债比率	Lev	负债总额/资产总额
总资产收益率	Roa	年末净利润/年末总资产
净现金流	Cfo	经营活动净现金流/期末总资产
两职合一	$Dual$	董事长与总经理两职兼任时取值为 1,否则为 0
行业	$Industry$	按《上市公司行业分类指引(2012 年修订)》划分
年度	$Year$	属于当年时取值为 1,否则为 0

6.2.2　模型设计

本章以高管在职消费($Perk$)作为中介变量,依据中介效应检验,对制度环境、高管非货币性薪酬与企业创新的传导机制进行研究,检验模型设定如下:

$$
\begin{aligned}
Inno_{it} = &\ \alpha_0 + \beta_1 Inst_{it-1} + \beta_2 Top1_{it-1} + \beta_3 Lnage_{it-1} \\
&+ \beta_4 Indep_{it-1} + \beta_5 Size_{it-1} + \beta_6 Lev_{it-1} \\
&+ \beta_7 Roa_{it-1} + \beta_8 Cfo_{it-1} + \beta_9 Dual_{it-1} \\
&+ \sum Year + \sum Industry + \varepsilon_{it}
\end{aligned}
$$

$$(6-1)$$

$$Perk_{it} = \alpha_0 + \chi_1 Inst_{it-1} + \chi_2 Top1_{it-1} + \chi_3 Lnage_{it-1}$$
$$+ \chi_4 Indep_{it-1} + \chi_5 Size_{it-1} + \chi_6 Lev_{it-1}$$
$$+ \chi_7 Roa_{it-1} + \chi_8 Cfo_{it-1} + \chi_9 Dual_{it-1}$$
$$+ \sum Year + \sum Industry + \varepsilon_{it}$$

$$(6-2)$$

$$Inno_{it} = \alpha_0 + \lambda_1 Inst_{it-1} + \lambda_2 Perk_{it} + \lambda_3 Top1_{it-1}$$
$$+ \lambda_4 Lnage_{it-1} + \lambda_5 Indep_{it-1} + \lambda_6 Size_{it-1}$$
$$+ \lambda_7 Lev_{it-1} + \lambda_8 Roa_{it-1} + \lambda_9 Cfo_{it-1}$$
$$+ \lambda_{10} Dual_{it-1} + \sum Year + \sum Industry + \varepsilon_{it}$$

$$(6-3)$$

参考中介效应检验的方法,采用以下程序进行验证:(1)估计模型(6-1),若系数 β_1 显著,则中介效应可能存在。(2)验证模型(6-2)和模型(6-3),若 χ_1 及 λ_2 的系数均显著为正,说明中介效应显著,制度环境(Inst)通过高管在职消费(Perk)提升了企业创新并以此为基础进行分析;若系数 λ_1 显著(不显著),说明高管在职消费(Perk)是部分(完全)中介。模型(6-1)在第三章已通过验证,模型(6-2)在第四章已通过验证,因此,在此基础之上,若假设模型(6-3)通过验证,则假设 H1a 或假设 H1b 得以验证,即高管在职消费在制度环境与企业创新中具有中介作用。本研究在模型(6-3)的基础上进行分产权性质的实证检验,以验证假设 H2a 和 H2b。

6.3 ▏ 实证结果分析与讨论

6.3.1　描述性统计分析

表 6-2 为主要变量的描述性统计。被解释变量企业创新（$Inno$）的最大值是 0.096，最小值是 0.000，企业创新投入差别较大，同时其中位值是 0.019，可见，我国企业创新总体水平不高。制度环境（$Inst$）均值为 8.210，中位值是 8.890，可见，我国制度环境总体水平较高。在职消费（$Perk$）最大值是 22.270，最小值是 16.484。其他变量统计的情况详见表 6-2。

表 6-2　主要变量的描述性统计

变　量	N	均值	SD	中位值	最小值	最大值	极差
$Inno$	16 236	0.022	0.018	0.019	0.000	0.096	0.096
$Inst$	16 236	8.210	1.647	8.890	3.370	10.000	6.630
$Perk$	16 236	18.761	1.150	18.621	16.484	22.270	5.687
$Top1$	16 236	34.517	14.367	32.970	8.770	72.880	64.170
$Lnage$	16 236	2.672	0.420	2.773	1.099	3.401	2.303
$Indep$	16 236	0.375	0.053	0.333	0.333	0.571	0.238
$Size$	16 236	21.959	1.238	21.761	19.930	25.968	6.038
Lev	16 236	0.386	0.200	0.370	0.046	0.860	0.814
Roa	16 236	0.043	0.053	0.042	-0.187	0.191	0.378

变　量	N	均值	SD	中位值	最小值	最大值	极差
Cfo	16 236	0.044	0.065	0.042	−0.139	0.227	0.366
Dual	16 236	0.306	0.461	0.000	0.000	1.000	1.000

6.3.2　相关性分析

表 6-3 是变量的相关系数。通过表 6-3 的数据可知,在制度环境与企业创新方面,制度环境($Inst$)与企业创新($Inno$)显著正相关,系数为 0.176,可见,制度环境的改善促进了企业创新。制度环境($Inst$)与高管在职消费($Perk$)显著正相关,表明制度环境改善增加了高管的在职消费。高管在职消费($Perk$)与企业创新($Inno$)显著正相关,系数为 0.070,可见,高管在职消费的增加促进了企业创新。

表 6-3　变量的相关系数表

	Inno	Inst	Perk	Top1	Lnage	Indep
Inno	1.000					
Inst	0.176***	1.000				
Perk	0.070***	0.036***	1.000			
Top1	−0.104***	−0.025***	0.133***	1.000		
Lnage	−0.083***	0.064***	0.216***	−0.082***	1.000	
Indep	0.027***	0.030***	0.010**	0.065***	−0.015***	1.000
Size	−0.225***	−0.033***	0.868***	0.164***	0.217***	0.008

续 表

	Inno	*Inst*	*Perk*	*Top*1	*Lnage*	*Indep*
Lev	−0.207***	−0.081***	0.483***	0.058***	0.205***	−0.000
Roa	0.186***	0.071***	−0.020***	0.098***	−0.099***	−0.030***
Cfo	0.088***	0.040***	0.130***	0.092***	0.042***	−0.015*
Dual	0.101***	0.122***	−0.177***	−0.016*	−0.099***	0.107***

	Size	*Lev*	*Roa*	*Cfo*	*Dual*
Size	1.000				
Lev	0.567***	1.000			
Roa	−0.083***	−0.396***	1.000		
Cfo	0.060***	−0.135***	0.404*	1.000	
Dual	−0.207***	−0.170***	0.076	−0.015	1.000

企业成立年限(*Lnage*)、企业规模(*Size*)、资产负债比率(*Lev*)、股权集中度(*Top*1)与企业创新(*Inno*)显著负相关,表明企业越早成立、规模越大、资产负债比率越高、股权越集中,就越容易抑制企业的创新水平;总资产收益率(*Roa*)、净现金流(*Cfo*)、独立董事比例(*Indep*)、两职合一(*Dual*)与企业创新(*Inno*)显著正相关,表明企业的总资产收益率越高、净现金流越多、独立董事占比越多以及董事长与总经理两职兼任,均能提升企业创新水平。

6.3.3 单变量检验

以在职消费均值、中位数作为临界值,将全样本分为两组,

对企业创新进行均值、中位数检验分析。在职消费大于临界值
为在职消费水平较高组;小于临界值为在职消费水平较低组。
检验结果如表 6-4 所示。

表 6-4　企业创新单变量检验

| | | 企业创新(*Inno*) | | |
		全样本	国　企	非国企
均值检验	在职消费水平较低组	0.021	0.017	0.021
	在职消费水平较高组	0.023	0.018	0.027
	差异性检验	−0.002***	0.001	−0.006***
	t 值	−6.941	0.768	−11.651
中位数检验	在职消费水平较低组	0.018	0.014	0.019
	在职消费水平较高组	0.019	0.015	0.022
	差异性检验	−0.001	−0.001	−0.004***
	z 值	−3.106	−0.095	−12.902

　　均值检验中,在职消费水平较高组的样本组企业创新水平高
于在职消费水平较低组的企业,且非国企更为显著,检验 *t* 值分
别为−6.941、0.768 和−11.651,全样本和非国企样本在 1% 的
水平上显著。经中位数检验可知,在职消费水平较高组和在职
消费水平较低组的中位数存在差异,检验 *z* 值分别为−3.106、
−0.095 和−12.902,非国企样本在 1% 的水平上显著。

6.3.4　回归分析

　　表 6-5 报告了制度环境、在职消费与企业创新分析结果。

依据中介效应检验,模型(6-1)中制度环境($Inst$)对企业创新($Inno$)的回归系数 β_1 为 0.116(见表 3-5),且显著;模型(6-2)制度环境($Inst$)对高管在职消费($Perk$)的系数 χ_1 为 0.045(见表 4-6),且显著;表 6-5 第(1)列检验了在控制中介变量 $Perk$ 后,全样本中制度环境($Inst$)对企业创新($Inno$)系数 λ_1 为 0.093,且显著,高管在职消费($Perk$)对企业创新($Inno$)系数 λ_2 为 0.589,且显著,即模型(6-3)系数均显著。依据中介效应检验,这一结果表明,高管在职消费在制度环境与企业创新之间发挥了部分中介作用,即制度环境能够通过高管在职消费提升企业创新水平,因此,假设 H1a 得以验证。回归分析显示,通过在职消费这一中介效应,制度环境会通过提升企业的高管在职消费来增强企业创新。制度环境、在职消费和企业创新间的传导机制得到验证。

表 6-5　制度环境、高管在职消费与企业创新的回归分析

	全样本	国　企	非国企
	Inno	*Inno*	*Inno*
	(1)	(2)	(3)
Inst	0.093*** (0.014)	0.086*** (0.028)	0.088*** (0.017)
Perk	0.589*** (0.036)	0.362*** (0.057)	0.723*** (0.047)
*Top*1	−0.060*** (0.014)	−0.047* (0.025)	−0.057*** (0.017)
Lnage	−0.107*** (0.017)	−0.123*** (0.041)	−0.089*** (0.018)
Indep	−0.012 (0.008)	0.007 (0.016)	−0.018* (0.009)

续　表

	全样本	国　企	非国企
	Inno	*Inno*	*Inno*
	(1)	(2)	(3)
Size	−0.574*** (0.030)	−0.425*** (0.046)	−0.652*** (0.040)
Lev	−0.017 (0.013)	0.020 (0.029)	−0.030** (0.015)
Roa	0.055*** (0.008)	0.054*** (0.014)	0.055*** (0.011)
Cfo	−0.005 (0.006)	0.002 (0.011)	−0.007 (0.007)
Dual	0.027 (0.019)	−0.004 (0.048)	0.029 (0.020)
Constant	0.129 (0.079)	−0.296** (0.144)	0.314*** (0.095)
Year	控制	控制	控制
Industry	控制	控制	控制
N	13 041	3 721	9 320
R^2	0.411	0.310	0.450

表 6-5 的列(2)和列(3)是对国企和非国企的分组检验结果,可见制度环境通过增加企业高管在职消费可增强企业创新,高管在职消费是制度环境影响微观企业创新的传导机制。通过比较国有企业和非国有企业的中介效应值与总效应之比,即 $\chi_1 \times \lambda_2 / \beta_1$ (0.046×0.362/0.101、0.057×0.723/0.120),可知,这种传导机制在非国有企业中更明显,验证了假设 H2a。

6.3.5　进一步研究

1. 基于八项规定政策的制度环境、高管在职消费与企业创新的关系研究

我国政府颁布的《关于改进工作作风、密切联系群众的八项规定》,在很大程度上缓解了我国高管在职消费过高的问题。那么,该规定对高管在职消费在制度环境与企业创新的影响中发挥了怎样的作用? 为了进一步研究制度环境、高管在职消费与企业创新之间的关系,本部分对全样本进行分组检验,对比分析八项规定实施前和实施后,制度环境、高管在职消费与企业创新之间的关系所发生的变化。

表6-6报告了八项规定实施前后制度环境、高管在职消费、企业创新回归分析结果。前两列是八项规定实施前,三者关系的回归结果,后两列是八项规定实施后,三者关系的回归结果。八项规定实施前,制度环境对在职消费系数为 0.048,且显著。八项规定实施前,制度环境与高管在职消费对企业创新回归分析的系数分别为 0.045 和 0.765,且后者在 1% 的水平上显著。由于制度环境对企业创新的影响在第三章已通过显著性检验,根据中介效应分析可知,八项规定实施前,高管在职消费在制度环境影响企业创新中发挥了完全中介效应。由第(3)列的回归结果可知,八项规定实施后,制度环境对高管在职消费回归分析的系数为 0.046,且在 1% 的水平上显著。由第(4)列的回归结果可知,八项规定实施后,制度环境与高管在职消费对企业创新回归分析的系数分别为 0.107 和 0.527,且在 1% 的水平上显著。制度环境对企业创新的影响在第三章通过显著性检验,根据中

介效应分析可知,八项规定实施后,高管在职消费在制度环境与企业创新中起到了(部分)中介效应。可以看出,八项规定抑制了高管的在职消费,高管在职消费在制度环境影响企业创新的中介作用中,从完全中介作用转变为部分中介作用。

表 6-6 八项规定实施前后制度环境、高管在职
消费与企业创新的回归分析

	2009—2012 年		2013—2018 年	
	Perk	*Inno*	*Perk*	*Inno*
	(1)	(2)	(3)	(4)
Inst	0.048*** (0.018)	0.045 (0.031)	0.046*** (0.009)	0.107*** (0.014)
Perk		0.765*** (0.107)		0.527*** (0.038)
*Top*1	−0.000 (0.017)	−0.077** (0.032)	−0.009 (0.009)	−0.081*** (0.014)
Lnage	−0.007 (0.012)	−0.051** (0.023)	0.018* (0.010)	−0.097*** (0.018)
Indep	0.006 (0.012)	0.051* (0.026)	0.002 (0.005)	−0.017** (0.008)
Size	0.846*** (0.031)	−0.764*** (0.112)	0.696*** (0.013)	−0.484*** (0.032)
Lev	0.100*** (0.017)	−0.048 (0.040)	0.029*** (0.008)	−0.029** (0.014)
Roa	0.093*** (0.015)	0.077** (0.031)	0.030*** (0.005)	0.042*** (0.009)
Cfo	0.015 (0.009)	−0.012 (0.020)	0.019*** (0.004)	−0.004 (0.006)

续 表

	2009—2012 年		2013—2018 年	
	Perk	*Inno*	*Perk*	*Inno*
	(1)	(2)	(3)	(4)
Dual	−0.056** (0.024)	0.007 (0.046)	−0.002 (0.010)	0.022 (0.019)
Constant	0.077 (0.063)	0.334** (0.135)	0.117*** (0.030)	0.193*** (0.057)
Year	控制	控制	控制	控制
Industry	控制	控制	控制	控制
N	1 384	1 384	10 110	10 110
R^2	0.743	0.321	0.736	0.393

2. 制度环境、高管超额在职消费与企业创新的关系研究

高管在职消费含有超额在职消费,本部分在借鉴已有对于超额在职消费的衡量的基础上,研究超额在职消费对企业创新的影响,以及制度环境对这一影响的交互作用。

借鉴杨蓉(2016)的研究,先通过模型(6-4)得到预期在职消费,再用实际在职消费与其差额作为超额在职消费;模型(6-5)验证了制度环境对高管超额在职消费与企业创新之间关系的影响。

$$\frac{Perk_{it}}{Asset_{it-1}} = \alpha_0 + \beta_1 \frac{1}{Asset_{it-1}} + \beta_2 \frac{\Delta Sales_{it}}{Asset_{it-1}} + \beta_3 \frac{Fixed_{it}}{Asset_{it-1}}$$

$$+ \beta_4 \frac{Inventory_{it}}{Asset_{it-1}} + \beta_5 LnEmployee_{it} + \varepsilon_{it}$$

$$(6-4)$$

$$Inno_{it} = \alpha_0 + \beta_1 Abperk_{it} + \beta_2 Inst_{it-1} * Abperk_{it}$$
$$+ \beta_3 Inst_{it-1} + \beta_4 Top1_{it-1} + \beta_5 Lnage_{it-1}$$
$$+ \beta_6 Indep_{it-1} + \beta_7 Size_{it-1} + \beta_8 Lev_{it-1}$$
$$+ \beta_9 Roa_{it-1} + \beta_{10} Cfo_{it-1} + \beta_{11} Dual_{it-1}$$
$$+ \sum Year + \sum Industry + \varepsilon_{it}$$

$$(6-5)$$

$Asset_{it-1}$、$\Delta Sales_{it}$、$Fixed_{it}$、$Inventory_{it}$、$LnEmployee_{it}$分别为总资产、主营收入变动情况、固定资产净值、总存货额、企业员工对数，除了$Asset_{it-1}$为上一期的值，其他均为本期值。

表6-7报告了制度环境、高管超额在职消费与企业创新的回归分析结果。其中，第（1）列至第（3）列为超额在职消费对于企业创新的影响情况，系数在全样本、国企样本和非国企样本中分别为0.073、0.031和1.021，且通过显著性水平检验，可见，高管超额在职消费对企业创新产生正向影响。第（4）列至第（6）列

表6-7　制度环境、高管超额在职消费与企业创新的回归分析

	全样本	国企	非国企	全样本	国企	非国企
	Inno	Inno	Inno	Inno	Inno	Inno
	(1)	(2)	(3)	(4)	(5)	(6)
Abperk	0.073** (0.031)	0.031** (0.015)	1.021*** (0.24)	0.100** (0.041)	0.050** (0.023)	1.011*** (0.255)
Inst × Abperk				−0.039* (0.022)	−0.026 (0.020)	0.009 (0.193)
Inst				0.117*** (0.017)	0.092*** (0.028)	0.118*** (0.022)

续　表

	全样本	国企	非国企	全样本	国企	非国企
	Inno	*Inno*	*Inno*	*Inno*	*Inno*	*Inno*
	(1)	(2)	(3)	(4)	(5)	(6)
*Top*1	−0.059*** (0.016)	−0.041 (0.027)	−0.058*** (0.021)	−0.059*** (0.016)	−0.041 (0.027)	−0.060*** (0.021)
Lnage	−0.111*** (0.020)	−0.097** (0.044)	−0.104*** (0.023)	−0.106*** (0.020)	−0.100** (0.044)	−0.101*** (0.022)
Indep	−0.013 (0.008)	0.005 (0.015)	−0.020** (0.010)	−0.013 (0.008)	0.005 (0.015)	−0.020* (0.010)
Size	−0.148*** (0.021)	−0.153*** (0.040)	−0.223*** (0.034)	−0.144*** (0.021)	−0.158*** (0.040)	−0.219*** (0.034)
Lev	0.012 (0.014)	0.020 (0.026)	0.015 (0.016)	0.012 (0.014)	0.022 (0.026)	0.014 (0.016)
Roa	0.076*** (0.009)	0.051*** (0.014)	0.088*** (0.012)	0.075*** (0.009)	0.050*** (0.014)	0.088*** (0.012)
Cfo	0.004 (0.006)	0.018* (0.010)	−0.003 (0.007)	0.005 (0.006)	0.018* (0.010)	−0.002 (0.007)
Dual	0.030 (0.020)	0.022 (0.041)	0.026 (0.023)	0.025 (0.020)	0.017 (0.042)	0.024 (0.023)
Constant	−0.985*** (0.130)	−0.875*** (0.160)	−1.236*** (0.267)	−0.969*** (0.132)	−0.815*** (0.125)	−1.218*** (0.280)
Year	控制	控制	控制	控制	控制	控制
Industry	控制	控制	控制	控制	控制	控制
N	13 041	3 721	9 320	13 041	3 721	9 320
R^2	0.157	0.139	0.186	0.178	0.162	0.206

为加入交互项后结果,结果显示,高管超额在职消费与制度环境的交互项对企业创新的影响系数在全样本、国企样本和非国企样本中分别为-0.039、-0.026和0.009,且在全样本中通过显著性水平检验,可见,在全样本中,制度环境的改善抑制了高管超额在职消费对企业创新的正向影响。

6.4　稳健性检验

借鉴谷丰等(2018)研究,采用管理费用的对数来衡量在职消费($Eperk$),重新进行检验。

表6-8报告了制度环境、高管在职消费与企业创新的稳健性检验结果。其中,第(1)列为全样本,由其分析结果可知,制度环境与高管在职消费对企业创新的系数为0.094、0.632,且显著。制度环境对企业创新作用通过显著性检验(见表3-5),$Eperk$对企业创新的影响通过显著性检验(见表4-15)。结合表6-8中第(1)列的系数,依据中介效应检验,高管在职消费起到了制度环境作用于企业创新的中介作用,即制度环境通过企业高管在职消费可增强企业创新水平。

表6-8中,列(2)和列(3)是国企和非国企分组检验结果,依据中介效应检验,国有企业和非国有企业高管在职消费在制度环境和企业创新之间起到中介作用。进一步地,通过比较国有企业和非国有企业的中介效应值与总效应之比,即$\chi_1 \times \lambda_2 / \beta_1$($0.046 \times 0.396/0.101$、$0.057 \times 0.779/0.120$),这种传导机制在非国有企业中更显著。

表 6-8　制度环境、高管在职消费与企业创新的稳健性检验

	全样本	国　企	非国企
	Inno	*Inno*	*Inno*
	(1)	(2)	(3)
Inst	0.094*** (0.014)	0.088*** (0.028)	0.089*** (0.017)
Eperk	0.632*** (0.041)	0.396*** (0.064)	0.779*** (0.056)
*Top*1	−0.059*** (0.014)	−0.045* (0.025)	−0.056*** (0.017)
Lnage	−0.106*** (0.016)	−0.123*** (0.041)	−0.086*** (0.018)
Indep	−0.012 (0.008)	0.007 (0.016)	−0.018* (0.009)
Size	−0.623*** (0.034)	−0.462*** (0.050)	−0.713*** (0.046)
Lev	−0.016 (0.014)	0.021 (0.029)	−0.029* (0.015)
Roa	0.056*** (0.008)	0.054*** (0.014)	0.056*** (0.011)
Cfo	−0.007 (0.006)	0.000 (0.011)	−0.008 (0.007)
Dual	0.030 (0.019)	−0.005 (0.048)	0.034* (0.020)
Constant	0.094 (0.079)	−0.348** (0.143)	0.295*** (0.095)
Year	控制	控制	控制

173

续　表

	全样本	国　企	非国企
	Inno	*Inno*	*Inno*
	(1)	(2)	(3)
Industry	控制	控制	控制
N	13 041	3 721	9 320
R^2	0.418	0.318	0.461

6.5　本 章 小 结

　　本章基于新制度经济学理论和最优契约理论,从我国特有的制度环境视角,研究制度环境、高管在职消费与企业创新之间的关系。结论如下:制度环境的改善能够通过增加高管在职消费来增强企业创新水平,研究中发现这个传导机制对于非国有企业而言更明显。可能的原因是,我国国企高管的在职消费受到民众和媒体的广泛关注,抑制了各种腐败现象,并且政府对于高管在职消费也较为关注,对其进行各种规范。对于非国有企业而言,高管在职消费受民众和媒体的监督较弱,若在职消费可提升高管工作效率,就不会严格控制高管的在职消费行为。因此,在职消费作为制度环境影响企业创新的传导机制在非国有企业中更为明显。由此可知,高管在职消费是制度环境影响微观企业创新的有效传导机制,同时在国有企业和非国有企业中存在一定的差异。

第七章 制度环境、高管薪酬与企业创新的关系研究

7.1 问题的提出与理论分析

7.1.1 研究问题的提出

近年来,许多学者相继研究发现,多种因素对创新决策具有重要影响。在影响企业创新的诸多因素中,企业高管作为推动企业创新的决策者,对企业创新活动有着极为重要的作用。创新活动的高风险性和长周期性导致了高管创新积极性不高。在这种情况下,如何设计合理的薪酬,激发高管创新激情,增强企业创新力非常关键。薪酬机制,不仅可以减少股东和高管的代理成本,也能减少代理冲突,提升企业创新水平和企业业绩。目前,关于高管薪酬与企业创新关系的文献大部分只考虑了货币性薪酬或非货币性薪酬对于企业创新的影响,但是高管薪酬是由多种薪酬激励协同作用的结果,创新决策是在高管多种薪酬激励模式下产生的,因此本章在第五章和第六章的研究基础上,对高管薪酬展开全面研究。此外,已有关于高管薪酬与企业创新的文献很少将企业所处的制度环境纳入研究。新制度经济学强调,制度激励是一个国家、地区、企业创新的关键因素。由此可见,全面研究制度环境下高管薪酬激励对企业创新的影响具

有很强的现实意义。

7.1.2 理论分析与研究假设

Jensen 和 Meckling(1976)基于剩余索取权视角指出,高管持股比例越低,高管攫取公司资产寻求自身效用最大化的动机就越强,因此在职消费是高管谋求私人收益的手段之一,在很大程度上损害了公司的价值,所以对高管实施股权激励能够减少在职消费。Fama(1980)的研究证实在职消费是管理层蚕食股东资产的做法,相反,显性薪酬可以在很大程度上减轻代理过程中的问题,也能够减少在职消费。然而,Yermack(2006)的研究指出,从理论上并不能得到显性薪酬和在职消费是此消彼长的关系,企业价值和在职消费的关系也没有通过实证证实。

Demsetz(1964)研究指出,巨额的信息成本是造成在职消费的深层次原因。陈冬华等(2005,2010)的研究指出,我国国企由于薪酬管制的原因,国企高管往往选择在职消费来弥补薪酬激励的不足。我国公司的治理机制不够完善,因此当国企面临低水平的货币性薪酬、股权激励以及不健全的市场监管时,在职消费逐渐成为高管激励中的重要组成部分(甄丽明和杨群华,2014)。

制度环境的优化体现在调查成本、谈判成本以及实施成本等多个方面,对降低货币性薪酬的制定成本至关重要。在这一过程中,在职消费的交易成本也会减少,但是与货币性薪酬相比,在职消费交易成本下降得更多。目前我国在职消费契约的大量应用,很大程度上是由于货币性薪酬高昂的交易成本。当货币性薪酬交易成本由于制度环境改善下降得更多时,货币性薪酬在整个薪酬中的占比就会增加。陈冬华等(2010)认为,随着市场化迈入更高的水平,货币性薪酬自然会降低在职消费在薪酬中的比例,但此时货币性薪酬和在职消费都会随着市场化改善而增加,也就是说,随着制度环境的改善,高管的在职消费也在增加。

现有关于薪酬和企业创新的研究可以归纳为:第一,薪酬方式和企业创新研究。部分学者认为在职消费和企业创新是一种非线性关系(徐宁和徐向艺,2012),股权激励和企业创新也是一种非线性关系(汤业国和徐向艺,2012),高管年薪和企业创新正相关(卢锐,2014),政治晋升和创新正相关(周铭山和张倩倩,2016)。第二,将不同薪酬与创新关系进行对比。Lerner 和 Wulf(2007)指出,股权激励比高管年薪对创新的促进作用更强。促进创新的激励中,晋升比年薪更容易激发高管(Barros 和 Lazzarini,2012)。王旭(2016)基于生命周期的视角,发现高管的控制权激励、薪酬激励和声誉激励对技术创新的影响并不相同,三种激励之间有着替代或互补的关系。第三,高管薪酬是一系列薪酬契约的集合,不同契约之间也会发生联系。有学者以此为视角对薪酬组合和创新进行分析。徐宁和徐向艺(2013)研究指出,高管的多种薪酬共同影响创新,并非单单依赖一种激励。何玉润等(2015)针对我国公司实证检验发现,优化的产品市场对企业的正面影响依赖于年薪和股权激励的充分发挥。

高管关于是否进行创新的决定对于企业而言至关重要,但是由于创新的高失败率,作为理性经济人的高管会尽量回避创新活动。这有以下原因:首先,一旦创新活动失败,企业经营业绩很可能会因此下滑,直接影响高管薪酬。其次,创新的失败会被列入高管的职业经历,由于存在声誉机制,高管会对创新的失败有所忌惮。再次，创新往往周期较长，即使创新成功，高管未必能分享到创新带来的收益。因此，在这种情况下如何激励高管，成为股东面临的重要抉择。本书第五章和第六章的研究发现，制度环境能够通过提高企业的货币性薪酬水平和非货币性薪酬水平进而提升企业创新能力，并且前文的理论分析亦指出，制度环境能够提高企业高管的薪酬激励水平，因此，制度环境的改善可以通过高管薪酬激励促进企业展开更多的创新活动，促进企业创新。同时，由于国有企业具有薪酬管制的特点，股权激励如履薄冰。我国为规范在职消费颁布了各项政策，同样存在薪酬调整对企业创新的影响，国企和非国企面临的制度不同，相应的传导效果也有所区别。因此，可提出以下假设：

H1：制度环境的改善可以通过高管薪酬促进企业创新。

H2：相较于国有企业，制度环境的改善通过高管薪酬促进企业创新在非国有企业中更为显著。

7.2 研 究 设 计

7.2.1 数据来源与变量定义

本章数据样本与第三章相同，共 16 236 个样本量，2 862 家样本公司。由于模型部分数据采用滞后一期处理，最终共有 13 041 个样本量。

本研究的高管薪酬涵盖了年薪、股权激励以及在职消费，为全面分析高管薪酬在制度环境影响企业创新中的传导作用，本章采用高管年薪、所持股份的市场价值以及在职消费三者总额来衡量高管薪酬。本章涉及的制度环境变量、企业创新变量以及控制变量与前文一致。各变量的定义见表7-1。

表7-1　变量的定义

变 量	变量符号	变 量 定 义
制度环境	$Inst$	王小鲁等人中国地区市场化指数评分
企业创新	$Inno$	研发投入占总资产比例
高管薪酬	$Salary$	高管年薪、股权激励与在职消费总额的对数
股权集中度	$Top1$	第一大股东持股总数/总股数
企业成立年限	$Lnage$	企业年龄的自然对数
独立董事比例	$Indep$	独立董事人数之和/董事会人数之和
企业规模	$Size$	期末总资产的自然对数
资产负债比率	Lev	负债总额/资产总额
总资产收益率	Roa	年末净利润/年末总资产
净现金流	Cfo	经营活动净现金流/期末总资产
两职合一	$Dual$	董事长与总经理两职兼任时取值为1,否则为0
行业	$Industry$	按《上市公司行业分类指引(2012年修订)》划分
年度	$Year$	属于当年时取值为1,否则为0

7.2.2　模型设计

本章以高管薪酬(Salary)作为中介变量,对这一传导机制展开研究。以高管薪酬作为中介效应的检验模型设定如下:

$$Inno_{it} = \alpha_0 + \beta_1 Inst_{it-1} + \beta_2 Top1_{it-1} + \beta_3 Lnage_{it-1}$$
$$+ \beta_4 Indep_{it-1} + \beta_5 Size_{it-1} + \beta_6 Lev_{it-1}$$
$$+ \beta_7 Roa_{it-1} + \beta_8 Cfo_{it-1} + \beta_9 Dual_{it-1}$$
$$+ \sum Year + \sum Industry + \varepsilon_{it}$$

$$(7-1)$$

$$Salary_{it} = \alpha_0 + \chi_1 Inst_{it-1} + \chi_2 Top1_{it-1} + \chi_3 Lnage_{it-1}$$
$$+ \chi_4 Indep_{it-1} + \chi_5 Size_{it-1} + \chi_6 Lev_{it-1}$$
$$+ \chi_7 Roa_{it-1} + \chi_8 Cfo_{it-1} + \chi_9 Dual_{it-1}$$
$$+ \sum Year + \sum Industry + \varepsilon_{it}$$

$$(7-2)$$

$$Inno_{it} = \alpha_0 + \lambda_1 Inst_{it-1} + \lambda_2 Salary_{it} + \lambda_3 Top1_{it-1}$$
$$+ \lambda_4 Lnage_{it-1} + \lambda_5 Indep_{it-1} + \lambda_6 Size_{it-1}$$
$$+ \lambda_7 Lev_{it-1} + \lambda_8 Roa_{it-1} + \lambda_9 Cfo_{it-1}$$
$$+ \lambda_{10} Dual_{it-1} + \sum Year + \sum Industry + \varepsilon_{it}$$

$$(7-3)$$

借鉴温忠麟和叶宝娟(2014)的研究,本研究严格按照以下程序验证:(1)验证模型(7-1),若系数 β_1 显著,则可能存在中介效应。(2)验证模型(7-2)和模型(7-3),若 χ_1 及 λ_2 的回归系数均显著为正,说明中介效应存在,制度环境(Inst)通过高管薪酬(Salary)促进了企业创新;在此基础上,如果系数 λ_1 显著(不显著),表明高管薪酬(Salary)发挥部分(完全)中介作用。模型(7-1)已在第三章通过验证,在此基础上,若模型(7-2)及模型

(7-3)通过验证,则假设 H1 得以验证,即高管薪酬在制度环境与企业创新关系中发挥了中介作用,表明制度环境可以通过提高企业的高管薪酬提高企业创新水平。本研究在模型(7-3)的基础上进行分产权性质的实证检验,以验证假设 H2。

7.3 实证结果分析与讨论

7.3.1 描述性统计分析

表 7-2 为主要变量的描述性统计。被解释变量企业创新($Inno$)的最大值是 0.096,最小值是 0.000,企业创新投入差别较大,同时其中位值是 0.019,可见我国企业创新总体水平不高。制度环境($Inst$)均值为 8.210,中位值是 8.890,可见我国制度环境总体水平较高。高管薪酬(Salary)最大值是 22.280,最小值是 16.603。其他变量统计的情况详见表 7-2。

表 7-2 主要变量的描述性统计

变量	N	均值	SD	中位值	最小值	最大值	极差
$Inno$	16 236	0.022	0.018	0.019	0.000	0.096	0.096
$Inst$	16 236	8.210	1.647	8.890	3.370	10.000	6.630
Salary	16 236	18.754	1.152	18.610	16.603	22.280	5.677
$Top1$	16 236	34.517	14.367	32.970	8.770	72.880	64.170
$Lnage$	16 236	2.672	0.420	2.773	1.099	3.401	2.303

续　表

变　量	N	均值	*SD*	中位值	最小值	最大值	极差
Indep	16 236	0.375	0.053	0.333	0.333	0.571	0.238
Size	16 236	21.959	1.238	21.761	19.930	25.968	6.038
Lev	16 236	0.386	0.200	0.370	0.046	0.860	0.814
Roa	16 236	0.043	0.053	0.042	−0.187	0.191	0.378
Cfo	16 236	0.044	0.065	0.042	−0.139	0.227	0.366
Dual	16 236	0.306	0.461	0.000	0.000	1.000	1.000

7.3.2　相关性分析

表 7-3 是各变量的相关系数。在制度环境与企业创新方面,制度环境(*Inst*)与企业创新(*Inno*)显著正相关,系数为 0.176,可见制度环境改善促进了企业创新。制度环境(*Inst*)与高管薪酬(*Salary*)显著正相关,系数为 0.036,可见制度环境的改善增加了高管的薪酬。在高管薪酬与企业创新方面,高管薪酬(*Salary*)与企业创新(*Inno*)显著正相关,相关系数为 0.070,可见高管薪酬的增加促进了企业创新。

企业成立年限(*Lnage*)、企业规模(*Size*)、资产负债比率(*Lev*)、股权集中度(*Top*1)与企业创新(*Inno*)显著负相关,可见企业成立年限、规模、资产负债、股权集中会抑制企业创新;总资产收益率(*Roa*)、净现金流(*Cfo*)、独立董事比例(*Indep*)、两职合一(*Dual*)与企业创新(*Inno*)的相关系数显著为正,表明总资产收益率、净现金流、独立董事比例以及董事长与总经理两职合一,促进企业创新。

表 7-3　各变量的相关系数表

	Inno	*Inst*	*Salary*	*Top*1	*Lnage*	*Indep*
Inno	1.000					
Inst	0.176***	1.000				
Salary	0.070***	0.036***	1.000			
*Top*1	−0.104***	−0.025***	0.133***	1.000		
Lnage	−0.083***	0.064***	0.216***	−0.082***	1.000	
Indep	0.027***	0.030***	0.010**	0.065***	−0.015***	1.000
Size	−0.225***	−0.033***	0.868***	0.164***	0.217***	0.008
Lev	−0.207***	−0.081***	0.483***	0.058***	0.205***	−0.000
Roa	0.186***	0.071***	−0.020***	0.098***	−0.099***	−0.030***
Cfo	0.088***	0.040***	0.130***	0.092***	0.042***	−0.015*
Dual	0.101***	0.122***	−0.177***	−0.016*	−0.099***	0.107***

	Size	*Lev*	*Roa*	*Cfo*	*Dual*	
Size	1.000					
Lev	0.567***	1.000				
Roa	−0.083***	−0.396***	1.000			
Cfo	0.060***	−0.135***	0.404*	1.000		
Dual	−0.207***	−0.170***	0.076	−0.015	1.000	

7.3.3　单变量检验

以高管薪酬均值、中位数作为临界值，将全样本分为两组，对企业创新进行均值、中位数检验分析。高管薪酬大于临界值为高管薪酬水平较高组;小于临界值为高管薪酬水平较低组。
检验结果如表7-4所示。

表 7-4 企业创新单变量检验表

		企业创新(*Inno*)		
		全样本	国 企	非国企
均值检验	高管薪酬水平较低组	0.021	0.017	0.023
	高管薪酬水平较高组	0.026	0.026	0.026
	差异性检验	−0.005***	0.009***	−0.003***
	t 值	−12.276	−7.460	−7.093
中位数检验	高管薪酬水平较低组	0.015	0.012	0.018
	高管薪酬水平较高组	0.021	0.015	0.022
	差异性检验	−0.006***	−0.003***	−0.004***
	z 值	−30.655	−6.945	−17.863

均值以及中位数检验结果表明,高管薪酬水平较高组的
样本组企业创新水平高于高管薪酬水平较低组的样本企业,
且在全样本和非国企中更为显著。检验 t 值分别为−12.276、
−7.460 和−7.093,且在 1‰ 的水平上显著,通过中位数检验可
见,高管薪酬水平较高组和高管薪酬水平较低组的中位数具有
差异,检验 z 值分别为−30.655、−6.945 和−17.863,且在 1‰
的水平上显著。

7.3.4 回归分析

表 7-5 报告了制度环境、高管薪酬与企业创新之间的回归

分析结果。依据中介效应检验,模型(7-1)制度环境($Inst$)对企业创新($Inno$)的系数 β_1 为 0.116(见表 3-5),且显著;表 7-5 第(1)列中,制度环境($Inst$)对高管薪酬(Salary)的系数为 0.046,且显著,可见模型(7-2)系数 χ_1 显著为正;表 7-5 第(4)列检验了在控制中介变量 Salary 后,全样本中制度环境($Inst$)对企业创新($Inno$)的系数 λ_1 为 0.093,且显著,高管薪酬(Salary)对企业创新($Inno$)的系数 λ_2 为 0.588,且显著,即模型(7-3)系数显著。依据中介效应检验,这一结果表明,高管薪酬在制度环境与企业创新之间发挥了部分中介作用,即制度环境能够通过高管薪酬提升企业创新水平,因此,假设 H1 得以验证。回归分析结果表明,制度环境会通过提升企业的高管薪酬来推动企业创新,高管薪酬是制度环境影响企业创新的传导机制之一。

表 7-5 制度环境、高管薪酬与企业创新的回归分析

	Salary			Inno		
	全样本	国企	非国企	全样本	国企	非国企
	(1)	(2)	(3)	(4)	(5)	(6)
$Inst$	0.046*** (0.009)	0.046** (0.019)	0.057*** (0.010)	0.093*** (0.014)	0.086*** (0.028)	0.088*** (0.01)
Salary				0.588*** (0.036)	0.362*** (0.05)	0.722*** (0.047)
$Top1$	−0.011 (0.009)	0.015 (0.017)	−0.017* (0.010)	−0.060*** (0.014)	−0.047* (0.025)	−0.057*** (0.017)
$Lnage$	0.013 (0.010)	−0.009 (0.024)	0.000 3 (0.010)	−0.107*** (0.017)	−0.123*** (0.041)	−0.089*** (0.018)

续　表

	Salary			*Inno*		
	全样本	国企	非国企	全样本	国企	非国企
	(1)	(2)	(3)	(4)	(5)	(6)
Indep	0.003 (0.004)	0.010 (0.009)	−0.002 (0.005)	−0.012 (0.008)	0.007 (0.016)	−0.018* (0.009)
Size	0.719*** (0.013)	0.681*** (0.027)	0.717*** (0.015)	−0.574*** (0.030)	−0.425*** (0.046)	−0.652*** (0.040)
Lev	0.046*** (0.008)	0.010 (0.018)	0.048*** (0.009)	−0.017 (0.013)	0.020 (0.029)	−0.030** (0.015)
Roa	0.042*** (0.005)	0.014 (0.010)	0.057*** (0.006)	0.055*** (0.008)	0.054*** (0.014)	0.054*** (0.011)
Cfo	0.017*** (0.003)	0.024*** (0.006)	0.014*** (0.004)	−0.005 (0.006)	0.002 (0.011)	−0.007 (0.007)
Dual	−0.004 (0.009)	−0.024 (0.019)	0.004 (0.011)	0.025 (0.019)	−0.004 (0.048)	0.027 (0.020)
Constant	−0.079** (0.040)	−0.138 (0.088)	−0.106** (0.044)	0.129 (0.079)	−0.295** (0.144)	0.314*** (0.095)
Year	控制	控制	控制	控制	控制	控制
Industry	控制	控制	控制	控制	控制	控制
N	13 041	3 721	9 320	13 041	3 721	9 320
R^2	0.738	0.699	0.713	0.411	0.310	0.449

　　表7-5的列(2)、列(3)、列(5)和列(6)分别为国企和非国企的回归分析结果。与全样本类似,在国企样本和非国企样本中,制度环境通过提升企业的高管薪酬来推动企业创新,高管薪酬是制度环境影响企业创新的传导机制。通过比较国有企业和非

国有企业的中介效应值与总效应之比,即 $\chi_1 \times \lambda_2 / \beta_1$ (0.046 × 0.362/0.101、0.057 × 0.722/0.120),可知,这种传导机制在非国有企业中更显著,假设 H2 得到验证。

表 7-5 的结果表明,制度环境能通过高管薪酬影响企业创新。另外,制度环境对国企和非国企的高管薪酬影响企业创新存在区别。制度环境通过高管薪酬影响企业创新,这在非国企的传导机制中效应更明显。原因在于,与非国企相比,国有企业受到薪酬管制的影响,同时国企的股权激励也"如履薄冰",国企高管的在职消费受到各项政策的抑制。

7.3.5　进一步研究

1. 制度环境、总经理薪酬与企业创新的关系研究

在高管团队中,总经理不同于一般的高管,其在团队中处于中心位置,在企业的创新中具有一定的主导作用,能够比较充分地反映高管团队的创新意愿,在企业的整个创新决策实施中占据重要地位。因此,为了进一步研究高管薪酬在制度环境与企业创新中的作用,本部分仅将总经理薪酬作为高管薪酬,进行制度环境、总经理薪酬与企业创新之间的回归分析。

表 7-6 是制度环境、总经理薪酬与企业创新的回归分析结果。其中,第(1)列至第(3)列为制度环境对总经理薪酬的影响,可见,制度环境对总经理薪酬系数在全样本、国企样本和非国企样本中分别为 0.044、0.044、0.053,且通过显著性检验。第(4)列至第(6)列检验了在控制中介变量 Csalary 后,制度环境和总经理薪酬对企业创新的影响,据其回归分析结果可知,制度环境与总经理薪酬对企业创新回归分析的系数在全样本、国企样本和

非国企样本中分别为 0.093、0.618，0.074、0.364，0.093 和 0.774，且在 1％ 的水平上显著。由于制度环境对企业创新的影响在第三章已通过显著性检验，依据中介效应检验，这一结果表明总经理薪酬在制度环境与企业创新间具有中介效应，即制度环境通过提升企业的总经理薪酬提升企业创新水平。

表 7-6 制度环境、总经理薪酬与企业创新的回归分析

	Csalary			*Inno*		
	全样本	国企	非国企	全样本	国企	非国企
	(1)	(2)	(3)	(4)	(5)	(6)
Inst	0.044*** (0.008)	0.044** (0.017)	0.053*** (0.009)	0.093*** (0.014)	0.074*** (0.027)	0.093*** (0.017)
Csalary				0.618*** (0.041)	0.364*** (0.057)	0.774*** (0.058)
*Top*1	−0.013 (0.008)	0.007 (0.016)	−0.016 (0.010)	−0.059*** (0.014)	−0.049* (0.025)	−0.054*** (0.017)
Lnage	0.011 6 (0.009)	−0.021 (0.024)	0.001 (0.010)	−0.105*** (0.017)	−0.109** (0.042)	−0.089*** (0.018)
Indep	0.003 (0.004)	0.009 (0.009)	−0.001 (0.004)	−0.012 (0.008)	0.002 (0.015)	−0.015 (0.009)
Size	0.740*** (0.012)	0.700*** (0.025)	0.738*** (0.015)	−0.611*** (0.035)	−0.432*** (0.049)	−0.710*** (0.048)
Lev	0.043*** (0.007)	0.011 (0.016)	0.045*** (0.008)	−0.015 (0.013)	0.019 (0.027)	−0.030* (0.015)
Roa	0.039*** (0.005)	0.016 (0.010)	0.051*** (0.005)	0.058*** (0.009)	0.050*** (0.014)	0.061*** (0.011)
Cfo	0.020*** (0.003)	0.027*** (0.006)	0.017*** (0.003)	−0.007 (0.006)	0.006 (0.011)	−0.011 (0.007)

	Csalary			Inno		
	全样本	国企	非国企	全样本	国企	非国企
	(1)	(2)	(3)	(4)	(5)	(6)
Dual	−0.010 (0.009)	−0.015 (0.017)	−0.005 (0.010)	0.030 (0.018)	0.018 (0.043)	0.029 (0.020)
Constant	0.049 (0.060)	−0.208* (0.124)	0.003 (0.050)	−0.944*** (0.159)	−0.776*** (0.124)	−0.955*** (0.158)
Year	控制	控制	控制	控制	控制	控制
Industry	控制	控制	控制	控制	控制	控制
N	12 815	3 650	9 165	12 815	3 650	9 165
R^2	0.773	0.735	0.745	0.415	0.315	0.462

2. 制度环境、高管薪酬交互效应与企业创新的关系研究

上文通过回归分析,高管年薪、股权激励、在职消费对企业创新均有正向影响,且正向影响存在差异。为更深入地分析高管薪酬对企业创新的影响,本部分借鉴谷丰等(2018)的研究,在模型中加入各类薪酬交互项,深入研究不同薪酬对创新影响是否存在替代、互补效应,检验模型如下:

$$Inno_{it} = \alpha_0 + \beta_1 Inst_{it-1} + \beta_2 Pay_{it} + \beta_3 Comp_{it}$$
$$+ \beta_4 Pay_{it} * Comp_{it} + \beta_5 Top1_{it-1} + \beta_6 Lnage_{it-1}$$
$$+ \beta_7 Indep_{it-1} + \beta_8 Size_{it-1} + \beta_9 Lev_{it-1}$$
$$+ \beta_{10} Roa_{it-1} + \beta_{11} Cfo_{it-1} + \beta_{12} Dual_{it-1}$$
$$+ \sum Year + \sum Industry + \varepsilon_{it}$$

$$(7-4)$$

$$Inno_{it} = \alpha_0 + \beta_1 Inst_{it-1} + \beta_2 Comp_{it} + \beta_3 Perk_{it}$$
$$+ \beta_4 Comp_{it} * Perk_{it} + \beta_5 Top1_{it-1} + \beta_6 Lnage_{it-1}$$
$$+ \beta_7 Indep_{it-1} + \beta_8 Size_{it-1} + \beta_9 Lev_{it-1}$$
$$+ \beta_{10} Roa_{it-1} + \beta_{11} Cfo_{it-1} + \beta_{12} Dual_{it-1}$$
$$+ \sum Year + \sum Industry + \varepsilon_{it}$$

$$(7-5)$$

$$Inno_{it} = \alpha_0 + \beta_1 Inst_{it-1} + \beta_2 Pay_{it} + \beta_3 Perk_{it}$$
$$+ \beta_4 Pay_{it} * Perk_{it} + \beta_5 Top1_{it-1} + \beta_6 Lnage_{it-1}$$
$$+ \beta_7 Indep_{it-1} + \beta_8 Size_{it-1} + \beta_9 Lev_{it-1}$$
$$+ \beta_{10} Roa_{it-1} + \beta_{11} Cfo_{it-1} + \beta_{12} Dual_{it-1}$$
$$+ \sum Year + \sum Industry + \varepsilon_{it}$$

$$(7-6)$$

表7-7列示了制度环境、高管薪酬交互效应与企业创新的回归分析结果。第(1)列至第(3)列为高管年薪和股权激励交互效应对企业创新的影响,在全样本、国企和非国企样本中分别为0.002、0.082、0.001,且均未通过显著性水平检验,表明随着高管年薪的增加不会提升高管股权激励对企业创新的促进效应,即高管年薪和股权激励两者之间不存在互补作用。第(4)列至第(6)列为高管股权激励和在职消费交互效应对企业创新的影响,据其回归分析结果可知,系数分别为0.043、0.393和0.027,且在全样本和非国企中通过显著性检验。第(7)列至第(9)列为高管年薪和在职消费交互效应对企业创新的影响,据其回归分析

表 7-7 制度环境、高管薪酬交互效应与企业创新的回归分析

	全样本	国企	非国企	全样本	国企	非国企	全样本	国企	非国企
	Inno	*Inno*	*Inno*	*Inno*	*Inno*	*Inno*	*Inno*	*Inno*	*Inno*
	(1)	(2)	(3)	(4)	(5)	(6)	(7)	(8)	(9)
Inst	0.101*** (0.017)	0.095*** (0.030)	0.105*** (0.021 8)	0.088*** (0.014)	0.085*** (0.028)	0.084*** (0.017)	0.070*** (0.014)	0.063** (0.027)	0.067*** (0.017)
Pay	0.188*** (0.016)	0.219** (0.092 9)	0.193*** (0.018)				0.304*** (0.023)	0.314*** (0.051)	0.293*** (0.027)
Comp	0.034** (0.014)	−0.319 (0.302)	0.034** (0.014)	0.072*** (0.015)	0.049 (0.217)	0.061*** (0.014)			
Perk				0.595*** (0.035)	0.591** (0.24)	0.721*** (0.047)	0.641*** (0.033)	0.512*** (0.060)	0.739*** (0.044)
Pay×*Comp*	0.002 (0.011)	0.082 (0.156)	0.001 (0.011 6)						
Comp×*Perk*				0.043*** (0.014 7)	0.393 (0.410)	0.027* (0.015 0)			

续 表

	全样本	国 企	非国企	全样本	国 企	非国企	全样本	国 企	非国企
	Inno	*Inno*	*Inno*	*Inno*	*Inno*	*Inno*	*Inno*	*Inno*	*Inno*
	(1)	(2)	(3)	(4)	(5)	(6)	(7)	(8)	(9)
Pay×Perk							0.131*** (0.020)	0.184*** (0.052)	0.111*** (0.024)
Top1	−0.064*** (0.016)	−0.046* (0.026)	−0.063*** (0.019)	−0.059*** (0.014)	−0.045* (0.025)	−0.058*** (0.017)	−0.052*** (0.013)	−0.044* (0.024)	−0.048*** (0.016)
Lnage	−0.095*** (0.019)	−0.114** (0.045)	−0.096*** (0.022)	−0.098*** (0.017)	−0.119*** (0.042)	−0.083*** (0.018)	−0.099*** (0.016)	−0.119*** (0.041)	−0.086*** (0.018)
Indep	−0.011 (0.008)	0.011 (0.017)	−0.021** (0.010)	−0.012 (0.008)	0.007 (0.016)	−0.018* (0.009)	−0.010 (0.008)	0.009 (0.016)	−0.016* (0.009)
Size	−0.019 (0.023)	−0.090* (0.046)	0.014 (0.028)	−0.562*** (0.030)	−0.424*** (0.046)	−0.641*** (0.040)	−0.413*** (0.029)	−0.319*** (0.045)	−0.465*** (0.039)
Lev	0.018 (0.014)	0.027 (0.030)	0.014 (0.016)	−0.017 (0.013)	0.017 (0.029)	−0.030** (0.015)	−0.018 (0.013)	0.026 (0.029)	−0.031** (0.014)

续　表

	全样本	国企	非国企	全样本	国企	非国企	全样本	国企	非国企
	Inno	*Inno*	*Inno*	*Inno*	*Inno*	*Inno*	*Inno*	*Inno*	*Inno*
	(1)	(2)	(3)	(4)	(5)	(6)	(7)	(8)	(9)
Roa	0.069*** (0.009)	0.052*** (0.014)	0.081*** (0.012)	0.052*** (0.008)	0.054*** (0.014)	0.052*** (0.011)	0.042*** (0.008)	0.041*** (0.013)	0.043*** (0.011)
Cfo	0.000 (0.006)	0.009 (0.011)	−0.004 (0.007)	−0.004 (0.006)	0.002 (0.011)	−0.005 (0.007)	−0.013** (0.006)	−0.004 (0.011)	−0.016** (0.007)
Dual	0.000 (0.019)	−0.005 (0.048)	−0.000 (0.022)	−0.003 (0.019)	−0.003 (0.048)	−0.003 (0.020)	0.027 (0.018)	0.000 (0.047)	0.026 (0.020)
Constant	0.089 (0.087)	−0.513** (0.232)	0.250** (0.107)	0.151* (0.079)	−0.248 (0.191)	0.318*** (0.0947)	0.226*** (0.078)	−0.192 (0.142)	0.409*** (0.094)
Year	控制	控制	控制	控制	控制	控制	控制	控制	控制
Industry	控制	控制	控制	控制	控制	控制	控制	控制	控制
N	13 041	3 721	9 320	13 041	3 721	9 320	13 041	3 721	9 320
R^2	0.210	0.174	0.198	0.417	0.309	0.453	0.446	0.376	0.464

结果可知,系数在全样本、国企和非国企中分别为 0.131、0.184、0.111,且均通过显著性水平检验,可见增加高管年薪可促进在职消费对创新的正向影响。

7.4　稳健性检验

本章将高管年薪、高管股权激励和在职消费指标分别赋值 1/3、1/6、1/2 的权重,加权成一个新的指标($Esalary$)重新进行检验。

表 7-8 报告了制度环境、高管薪酬与企业创新之间稳健性检验结果。依据中介效应检验,制度环境($Inst$)对企业创新($Inno$)系数 β_1 为 0.116(见表 3-5),在 1% 的水平上显著。表 7-8 第(1)列中,制度环境($Inst$)对高管薪酬($Esalary$)系数为 0.045,在 1% 的水平上显著,系数 χ_1 显著为正。表 7-8 第(4)列检验了在控制中介变量 $Esalary$ 后,制度环境($Inst$)对企业创新($Inno$)系数 λ_1 为 0.093,且显著。高管薪酬($Esalary$)对企业创新($Inno$)系数 λ_2 为 0.589,且显著。依据中介效应检验方法,这一结果表明高管薪酬在制度环境与企业创新之间起到(部分)中介作用,制度环境可以通过高管薪酬提升企业创新水平。

表 7-8 中,列(2)和列(5)是国企的稳健性检验结果,列(3)和列(6)是非国企的稳健性检验结果。制度环境通过提升企业的高管薪酬来提升企业创新。通过比较国有企业和非国有企业的中介效应值与总效应之比,即 $\chi_1 \times \lambda_2 / \beta_1$($0.046 \times 0.362/0.101$、$0.057 \times 0.723/0.120$),可知,这种传导效应在非国企中更为明显。

表 7-8　制度环境、高管薪酬与企业创新的稳健性检验

	Esalary			*Inno*		
	全样本	国企	非国企	全样本	国企	非国企
	(1)	(2)	(3)	(4)	(5)	(6)
Inst	0.045*** (0.009)	0.046** (0.019)	0.057*** (0.010)	0.093*** (0.01)	0.086*** (0.028)	0.088*** (0.017)
Esalary				0.589*** (0.036)	0.362*** (0.057)	0.723*** (0.047)
*Top*1	−0.011 (0.009)	0.015 (0.017)	−0.017 (0.010)	−0.060*** (0.014)	−0.047* (0.025)	−0.057*** (0.017)
Lnage	0.014 (0.010)	−0.009 (0.024)	0.000 6 (0.010)	−0.107*** (0.017)	−0.123*** (0.041)	−0.089*** (0.018)
Indep	0.003 (0.004)	0.010 (0.009)	−0.002 (0.005)	−0.012 (0.008)	0.007 (0.016)	−0.018* (0.009)
Size	0.719*** (0.013)	0.681*** (0.027)	0.716*** (0.015)	−0.574*** (0.030)	−0.425*** (0.046)	−0.652*** (0.040)
Lev	0.046 2*** (0.008)	0.010 (0.018)	0.048*** (0.009)	−0.017 (0.013)	0.020 (0.029)	−0.030** (0.015)
Roa	0.042*** (0.005)	0.014 (0.010)	0.056*** (0.006)	0.055*** (0.008)	0.054*** (0.014)	0.054*** (0.011)
Cfo	0.017*** (0.003)	0.024*** (0.006)	0.014*** (0.004)	−0.005 (0.006)	0.002 (0.011)	−0.007 (0.007)
Dual	−0.005 (0.009)	−0.024 (0.019)	0.002 (0.011)	0.026 (0.019)	−0.004 (0.048)	0.028 (0.020)
Constant	−0.078** (0.040)	−0.136 (0.088)	−0.107** (0.044)	0.129 (0.079)	−0.296** (0.144)	0.314*** (0.095)
Year	控制	控制	控制	控制	控制	控制

续　表

	Esalary			*Inno*		
	全样本	国企	非国企	全样本	国企	非国企
	(1)	(2)	(3)	(4)	(5)	(6)
Industry	控制	控制	控制	控制	控制	控制
N	13 041	3 721	9 320	13 041	3 721	9 320
R^2	0.738	0.699	0.712	0.411	0.310	0.450

7.5　本　章　小　结

本章基于制度环境相关理论、高管薪酬相关理论与企业创新相关理论，从我国特有制度环境出发，深入分析制度环境对高管薪酬与企业创新的影响。研究结论如下：运用中介效应检验，通过逐步回归法，验证了高管薪酬在制度环境和企业创新间起到中介作用，换句话说，随着制度环境的改善，企业通过高管年薪、股权激励和在职消费影响企业创新的效果越显著。此外，与国企相比，随着制度环境的改善，非国企更有可能通过高管薪酬提升来提高企业的创新水平。薪酬发挥中介效应，制度环境可以通过增加高管薪酬来提高企业创新水平。

本部分的研究结论从高管薪酬视角和企业创新视角为中国制度环境作用于微观企业活动提供现实依据。同时，在理论研究的基础上分析了制度环境通过高管薪酬对企业创新的传导机制，并通过中介效应检验验证了制度环境如何通过高管薪酬影响企业创新,丰富了制度环境与企业创新行为之间的已有研究。此外,本研究的结论除了对深化国企改革、提升市场活力有一定意义,也为政府如何优化企业营商环境,进而推动创新战略的实施提供参考。

第八章 研究结论与建议

8.1 研究结论

本书基于我国建设创新型国家战略目标以及激发和保护企业家精神,鼓励社会主体创新创业的时代背景,深入研究制度环境对微观企业行为的影响。具体而言,首先,全面系统分析了制度环境与企业创新之间的关系,并实证检验了制度环境对企业创新的影响;其次,构建了制度环境与企业创新之间的传导机制;最后,通过中介效应检验,对传导机制进行验证。研究结论归纳为五个方面。

第一,制度环境与企业创新。基于王小鲁等市场化指数的数据,以及制度环境、创新的相关理论,研究制度环境对微观企业创新影响。研究发现,制度环境越好,企业的创新水平越高。同时,深入分析了制度环境对国企样本组和非国企样本组企业创新的影响,研究发现,对于国有企业和非国有企业创新,制度环境均有促进作用。进一步研究了制度环境对创新型企业和非创新型企业的不同影响,研究发现,制度环境对非创新型企业的影响更为显著。并且从专利的视角分析了制度环境对三类专利及其总和的影响,发现制度环境能显著提升企业除了外观专利外的其他专利的申请水平。

第二,制度环境与企业创新传导机制。从制度环境相关理论、高管薪酬相关理论以及企业创新相关理论出发,归纳了制度环境与高管薪酬、高管薪酬与企业创新之间的关系。基于新制度经济学理论以及最优契约理论等,在理论上建立了制度环境通过高管薪酬作用于企业创新的传导机制。同时,进行相应的实证分析发现,制度环境的改善能够提升高管薪酬,即制度环境的改善对企业高管的年薪、股权激励和在职消费产生正向影响。高管薪酬能够提升企业的创新水平,即高管的年薪、股权激励和在职消费均能够提升企业的创新水平。

第三,制度环境、高管货币性薪酬与企业创新。首先,制度环境可提高企业高管的年薪。由于我国颁布的限薪政策,制度环境的改善尤其会提升非国有企业的高管年薪。其次,制度环境的改善能够增加企业高管的股权激励,同时,由于国企的特殊性,股权激励的实施"如履薄冰",制度环境的改善尤其会提升非国有企业的高管股权激励。再次,制度环境能够通过高管年薪的增加来提升企业创新水平,这在非国有企业中更为显著。最后,制度环境可以通过高管股权激励的增加来提升企业的创新水平,这一结论同样在非国有企业中更为显著。由此可以看出,高管货币性薪酬是制度环境影响微观企业创新的传导机制,这一传导机制在国有企业和非国有企业中存在差异。

第四,制度环境、高管非货币性薪酬与企业创新。首先,制度环境的改善可提升企业高管的在职消费。对于国企而言,国有企业中存在的主要是过高的代理成本,由此诱发各种腐败现象,而政府颁布的各项规范政策抑制了国企高管的在职消费。因此,国企的在职消费的传导作用相对较弱。而非国企的高管在职消费没有制度的严格束缚，只要能够提高工作效率，高管在职消费就会被充分运用，此时，在职消费会随着制度环境的改善而提升。其次，制度环境可以通过高管在职消费的增加来提升企业创新水平，这在非国有企业中更为显著。由此可见，高管在职消费是制度环境影响企业创新的传导机制，这一传导机制在国有企业和非国有企业中不完全相同。

第五，制度环境、高管薪酬与企业创新。通过实证研究发现，制度环境和高管薪酬对企业创新具有正向相关关系。随着制度环境的改善，企业能够通过高管薪酬影响企业创新。进一步的研究发现，与国有企业相比，随着制度环境的改善，非国有企业更有可能通过高管薪酬提升企业的创新水平。研究结论从高管薪酬视角及企业创新角度为中国的制度环境影响企业创新行为提供了现实依据。

8.2　研　究　建　议

从上述研究结论可知，制度环境与企业创新具有正向相关关系，高管薪酬在其中发挥中介效应作用，不同的薪酬形式，中介效应也不同。根据上述结论，提出以下三项建议。

第一，政府提供能够最大限度激发企业家创新精神和创造能力的正式制度环境，激活市场活力。通过优化制度环境，使得企业家在生产性经营活动和非生产性经营活动中主动选择前者，在提升企业家效用的同时，提升整个社会的创新水平和经济发展水平。社会制度体系，如法律制度环境、金融制度环境、财政制度环境等都需要不断优化,从而使企业家精神合理、得当地释放。

持续不断改革,建立有效的投资者正式保护制度,以提升他们和企业家的创新期望收入,进一步完善创新创业的正式制度。在此基础上,为企业提供灵活的经营活动环境,最大限度地推动简政放权。法律建设方面,加强与知识产权相关的保障制度,进一步推进反垄断制度,减少危害创新的垄断协议,打击其他不正当竞争的做法。不断推进市场化改革,加大对民营企业的扶持力度,让我国的所有企业都能有宽松、有利的市场条件,调动民营企业的创新积极性。不断实施知识强国战略以及创新发展战略,优化经济资源合理配置,完成创新模式的转变,最终促进经济长久的发展。

第二,优化企业高管的激励机制,调动企业创新积极性,提高企业创新意愿。薪酬激励是公司治理的一项重要内容,对于公司高管而言,薪酬并非简单地维持其人力资本再生产的费用。在很多情况下,薪酬是市场和企业对于高管人力资本质量的评价。高管对于企业的价值远远高于普通员工,同时,对高管才能和努力的认定难度也远高于普通员工,在这种情况下,对高管设定和实施的薪酬制度比普通员工更加困难复杂。若以过低的薪酬支付给高管,则不能起到应有的激励作用;若根据市场条件支付给企业,尤其是国企高管物质激励,又很可能诱发利益矛盾。在这种情况下,我国企业,尤其是国企高管薪酬激励面临两难抉择。因此,在理论上人们很难给出一个合理的数量界限。我国企业高管薪酬与业绩之间的相关度并不显著,难以达到有效的激励效应。企业应该按照监管要求、自身经营状况、行业标准、股东意愿以及激励对象,设计有效的激励计划,使得企业高管不是单纯注重正式晋升和在职消费，而是逐渐关注合法的经济报酬，从而使高管最大限度地投身企业的经营活动。同时，由于企业创新具有长期性，因此还需要通过考评、延期支付等方法制约高管的短期行为。设定与实施股权激励和年度报酬相结合的激励体系，消除高管的短期行为，使得高管利益与企业，尤其是国企长远发展相协调。

对高管激励是公司治理的重要方面，设定激励相容的高管薪酬对于企业至关重要。合理有效的高管薪酬激励能够促进经济的持久增长和经济增长方式转变，最终完成创新型国家体系建设。本研究证实，制度环境能够通过高管薪酬这一中介作用影响创新能力。由此可见，为最大限度发挥高管薪酬激励对企业创新的积极影响，中国企业现阶段应进一步强化高管货币性薪酬这一短期激励手段。与此同时，对于长期股权激励，企业可根据自身的经营情况和相应的行业地区等情况设计高管持股区间。此外，为了最大限度地激发高管在创新活动中的潜能，企业所在地区的市场化改革需要进一步深化，让市场的力量更大程度地影响企业，推进企业创新发展。

第三，坚持创新驱动发展，进一步提升企业创新能力。我国正处在经济增长方式向创新驱动演变的关键时期，担负着建设创新型国家的重大任务。本研究发现，制度环境通过高管薪酬促进企业创新这一结论在非国有企业中更为显著，因此，应继续深化国有企业改革，激发国企创新激情和潜能。在国企内，清晰界定委托者、代理者，并创造有利条件使得他们的效用趋于一致。

本书的研究结论表明，在国企和非国企中，制度环境通过高管薪酬影响企业创新的传导效果有一定的区别。国企和非国企面对的制度环境不同,最终会影响其创新能力。进一步地,国企和非国企面对的制度环境不同,导致其薪酬契约也不同,如高管薪酬管制等。因此,面对这些不同,国企和非国企应分别设计契合环境的激励制度。对于国企而言,在控制权以及最终的利益分配方面都存在尚未解决的问题,滋生了创新活动过程中的道德风险。由此可见,授予国企委托者恰当的控制权,并赋予代理者部分的剩余索取权,以及厘清委托者和代理者应尽的职责范围,保障对国企的监督激励功能,日益成为缓解逆向选择和道德风险的有效路径。在我国,非国有企业同样是创新的主力军,其创新水平在很大程度上影响了我国整体的创新水平,对于非国有企业创新而言,除了需要关注薪酬激励,还应该关注非国有企业面对的外部环境。加强政府对于非国有企业创新的各项支持,广泛开拓非国有企业融资途径,最终保证非国有企业创新项目顺利进行。

8.3　研究局限及未来研究方向

8.3.1　研究局限

本书基于我国特有的制度环境,研究其与高管薪酬和企业创新的关系。由于各种条件约束,也存在一些不足。

首先,制度环境是本研究的核心变量之一。本研究的制度环境仅考虑了正式规则的影响,这种处理方法具有一定的合理

性和科学性,并且被多位学者采用。但是,对于企业而言,经营
管理活动不仅处于正式制度环境中,也处于非正式制度环境中。
因此,如果可以将非正式制度的约束纳入衡量,并深入挖掘非正
式制度和正式制度的协同影响效应,可能会使研究更为精彩。
现实的情况是,对非正式制度的衡量较为困难,因而非正式约束
对企业创新的影响有待未来验证。

其次,制度环境与企业创新之间的关系和传导机制检验,仅
考察企业产权性质方面的不同,对于企业其他方面的特性没有
详细研究。对于企业而言,除了产权不同,企业所处的生命周期
阶段、人力资本水平,以及企业的组织方式等都有不同,它们对
研究结论的影响有待后续拓展。

8.3.2　未来研究方向

根据上述研究局限性,今后的研究可以从两方面考虑。

第一,对非正式制度进行分析。实际生活中,企业的经营管
理会通过各种非正式制度加强自身的创新能力,如建立关系网
络。研究企业高管在政府、商业协会等方面的关系网络,分析该
网络对于企业创新的作用机制以及影响效果,分析关系网络作
为非正式制度对创新保护方式的效果。通过将企业面临的正式
环境和关系网络等非正式环境进行对比分析,作为后期进一步
深入研究的方向之一。

第二,将企业的生命周期特征、企业的组织形式纳入研究范
畴。处于相同制度环境中的企业,即使其产权性质相同,并且控
制了本研究中提出的其他因素后,不同生命周期进程中或者不
同组织形式的企业,其高管薪酬以及创新水平也往往不同,通过

倾向得分匹配,可以深入研究不同生命周期或者不同组织形式的企业的创新活动的特点和区别。例如,相同制度条件下,产权性质也相同的企业,分别处于成长期和成熟期,制度环境对管理层薪酬的影响有何不同,等等。这些均是十分有必要深入探讨的领域。

参考文献

英文文献

[1] Abramovitz M. Resource and output trends in the United States since 1870[J].New York: National Bureau of Economic Research, 1956, 46(2): 1-23.

[2] Acemoglu D., Johnson S., Robinson J. A. Institutions as a fundamental cause of long-run growth[J]. Handbook of Economic Growth, 2005, 1(5): 385-472.

[3] Acemoglu D., Johnson S. Unbundling Institutions[J]. Journal of Political Economy, 2005, 113(5): 949-995.

[4] Acemoglu D., Verdier T. Property rights, corruption and the allocation of talent: A general equilibrium appRoach [J]. The Economic Journal,1998, 108(450): 1381-1403.

[5] Adithipyangkul P., Alon I., Zhang T. Executive perks: Compensation and corporate performance in China[J]. Asia Pacific Journal of Management, 2011, 28(2): 401-425.

[6] Aharony J., Wong C. Financial packaging of IPO firms in China[J]. Journal of Accounting Research, 2000, 38(1): 103-126.

[7] Aidis R., Estrin S., Mickiewicz T. Institutions and entrepreneurship development in Russia: A comparative perspective[J]. Journal of Business Venturing, 2008, 23(6): 656-672.

[8] Akcigit U., Kerr W. R. Growth through heterogeneous Innovations [J]. Journal of Political Economy, 2018, 126(4): 1374-1443.

[9] Alchian A., Demsetz H. Production, information costs, and economic organization[J]. American Economic Review, 1972(12): 780-781.

［10］ Alchian A. Uncertainty, evolution, and economic theory［J］. Journal of Political Economy, 1950, 58(3): 211-221.

［11］ Ammann M., Oesch D., Schmid M. Product market competition, corporate governance, and firm value: Evidence from the EU area ［J］. European Financial Management, 2011, 19(3): 452-469.

［12］ Arvanitis S., Stucki T. The impact of venture capital on the persistence of Innovation activities of startups［J］. Small Business Economics, 2014, 42(4): 849-870.

［13］ Argyres N. S., Silverman B. S. R&D, organization structure, and the development of corporate technological knowledge ［J］. Strategic Management Journal, 2004, 25(8): 929-958.

［14］ Bai C. E., Hsieh C. T., Song Z. M. Crony capitalism with Chinese characteristics［J］. University of Chicago, 2014, WorkingPaper.

［15］ Barros H. M., Lazzarini S. G. Do organizational incentives spur Innovation? ［J］. Bar Brazilian Administration Review, 2012, 9(3): 308-328.

［16］ Baumol W. Entrepreneurship: Productive, unproductive and destructive ［J］. Journal of Political Economy, 1990, 98(5): 893-921.

［17］ Bebchuk L. A., J. M. Fried. Pay without performance: The unfulfilled promise of executive compensation［M］. Harvard University Press, 2004.

［18］ Belloc F. Corporate governance and Innovation: A survey［J］. Journal of Economic Surveys, 2012, 26(5): 835-864.

［19］ Berle A. A., Gardner C. Economics law and planned business: The modern corporation and private property［J］. Public Administration, 1934, 12(2): 191-212.

［20］ Bertrand M., Mullainathan S. Enjoying the quiet life? Corporate governance and managerial preferences［J］. Journal of Political Economy, 2003, 111(5): 1043-1075.

［21］ Boubakri N., Cosset J. C., Saffar W. The role of state and foreign owners in corporate risk-taking: Evidence from privatization［J］.

Journal of Financial Economics，2013，108(3)：641-658.

[22] Buss P.，Peukert C. R&D outsourcing and intellectual property infringement[J]. Research Policy, 2015, 44(4)：977-989.

[23] Bryan S.，Hwang L. S.，Lilien S. CEO stock based compensation： An empirical analysis of incentive intensity, relative mix, and economic determinants[J]. Journal of Business, 2000, 73(4)：661-693.

[24] Bulan I.，Sanyal P. Incentivizing managers to build Innovative firms [J]. Annuals of Finance, 2011, 7(2)：267-283.

[25] Cassiman B.，Veugelers R. In search of complementarily in Innovation strategy： Internal R&D and external knowledge acquisition[J]. Management Science, 2006(52)：68-82.

[26] Cazier R. A. Measuring R&D curtailment among short-horizon CEOs[J]. Journal of Corporate Finance, 2011, 17(3)：584-594.

[27] Chen D.，Li O. Z.，Liang S. Do managers perform for perks? [C]. SSRN Working Paper, 2010.

[28] Chen W. R.，Miller K. D. Situational and Institutional determinants of firms' R&D search intensity[J]. Strategic Management Journal, 2007, 28(4)：369-381.

[29] Chen Y.，Gul F. A.，Veeraraghavan M.，Zolotoy L. Executive equity risk taking incentives and auditpricing[J]. The Accounting Review, 2015, 90(6)：2205-2234.

[30] Cheng S. R&D expenditures and CEO compensation [J]. The Accounting Review, 2004, 79(2)：305-328.

[31] Cheung S. The contractual nature of the firm[J]. Jouranl of Law and Economics, 1983(26)：1-21.

[32] Chirstensen C. M. and Bower J. L. Customer power, strategic investment, and the failure of leading firm[J]. Strategic Management Journal, 1996, 17(3)：197-218.

[33] Coase R. C. The problem of social cost[J]. Journal of Law and Economics, 1960(3)：1-44.

[34] Coles J.，Daniel N.，Naveen L. Managerial incentives and risk-

taking[J]. Journal of Financial Economics, 2006, 79(2): 431-468.

[35] Core J. E., Holthausen R. W., Larcker D. F. Corporate governance, chief executive officer compensation, and firm performance [J]. Journal of Financial Economics, 1999, 51(2): 141-152.

[36] Corea J. E., Guaya W., Larckerb D. F. The power of the pen and executive compensation[J]. Journal of Financial Economics, 2008, 88(1): 1-25.

[37] Currim I. S., Lim J., Kim J. W. You get what you pay for: The effect of Top executives compensation on advertising and R&D spending decisions and stock market return[J]. Journal of Marketing, 2012, 76(5): 33-48.

[38] Czarnitzki D. The extent and evolution of productivity deficiency in eastern Germany[J]. Journal of Productivity Analysis, 2005(24): 209-229.

[39] Demsetz H. The exchange and enforcement of property rights[J]. Journal of Law and Economics, 1964(7): 11-26.

[40] Edward J. Zajac, James D. Westphal. Director reputation, CEO-board power, and the dynamics of board interlocks[J]. Academy of Management Best Papers Proceedings, 1996, 41(3): 507-529.

[41] Fama E. F. Agency problems and the theory of the firm[J]. Journal of Political Economy, 1980, 88(2): 288-307.

[42] Fama E. F., Jensen M. C. Separation of ownership and control[J]. Journal of Law and Economics, 1983, 26(2): 301-325.

[43] Fisman R, Wang Y. The mortality cost of political connections[J]. The Review of Economic Studies, 2015, 82(4): 1346-1382.

[44] Foss N. J., Laursen K., Pedersen T. Linking customer interaction and Innovation: The mediating role of new organizational practices [J]. Organization Science, 2011, 22(4): 980-999.

[45] Fu X. How does openness affect the importance of incentives for Innovation? [J]. Research Policy, 2012, 41(3): 512-523.

[46] Giarratana M., Mariani M. The relationship between knowledge

sourcing and fear of imitation[J]. Strategic Management Journal, 2014, 35(8): 1144-1163.

[47] Georgiades E. Resolving conflicting interests: Software patents versus open source[J]. Information & Communications Technology Law, 2011, 20(3): 225-252.

[48] Giroud X., Mueller H. M. Does corporate governance matter in competitive industries? [J]. Journal of Financial Economics, 2010 (95): 312-331.

[49] Gul F. A., Cheng L. T. W., Leung T. Y. Perks and the informativeness of stock prices in the Chinese market[J]. Journal of Corporate Finance, 2011, 17(5): 1410-1429.

[50] Guo-Fitoussi L., Bounfour A., Sabrine Rekik Faculté, et al. Intellectual property rights, complementarity and the firm's economic performance [J]. International Journal of Intellectual Property Management, 2019, 9(2): 136-165.

[51] Gupta A. K., Tesluk P. E., Taylor M. S. Innovation at and across multiple Levels of analysis[J]. Organization Science, 2007, 18(6): 885-897.

[52] Hambrick D. C. The Top management team: Key to strategic success[J]. California Management Review, 1987, 30(1): 88-108.

[53] Hansen M. T., Birkinshaw J. The Innovation value chain[J]. Harvard Business Review, 2007, 85(6): 121.

[54] Hart O. Financial contracting[J]. Journal of Economic Literature, 2001, 39(4): 1070-1100.

[55] Hart O. The market mechanism as an incentive scheme[J]. Bell Journal of Economics, 1983(14): 366-382.

[56] Henderson R. M., Clark K. B. Architectural Innovation: The reconfiguration of existing product technologies and the failure of established firms[J]. Administrative Science Quarterly, 1990(35): 9-30.

[57] Heng Q., Warfield T. D. Equity incentives and earnings management

[J]. The Accounting Review, 2005, 80(2): 441-476.

[58] Hillman A. J., Wan W. P. The determinants of MNE subsidiaries political strategies: Evidence of Institutional Duality[J]. Journal of International Business Studies, 2005(36): 322-340.

[59] Hoskisson R. E., Hitt M. A., Hill C. Managerial risk taking in diversified firms: An evolutionary perspective[J]. Organization Science, 1991, 2(3): 296-314.

[60] Hoskisson R. E., Eden L., Lau C. M., Wright M. Strategy in emerging economies[J]. Academy of Management Journal, 2000, 43(3): 249-267.

[61] Hvide H. K., Panos G. A. Risk tolerance and entrepreneurship[J]. Journal of Financial Economics, 2014, 111(1): 200-223.

[62] Jack H. J., Xuan T. Finance and corporate Innovation: A survey [J]. Asia Pacific Journal of Financial Studies, 2018, 47(2): 165-212.

[63] Jensen M. C., Meckling W. H. Theory of the firm: Managerial behavior, agency costs and capital structure[J]. Journal of Financial Economics, 1976, 3(4): 305-360.

[64] Jensen M. C., Meckling W. H. Rights and production functions: An application to labor-managed firms and codetermination[J]. The Journal of Business, 1979(52): 469-506.

[65] Jensen M. C., Murphy K. J. CEO incentives: It's not how much you pay, but how[J]. Journal of Applied Corporate Finance, 1990, 68(3): 64-76.

[66] Kim E. H., Lu Y. CEO ownership, external governance, and risk-taking[J]. Journalof Financial Economics, 2011, 102(2): 272-292.

[67] Kogan L., Papanikolaou D., Seru A., et al. Technological Innovation, resource allocation and growth[J]. Social ence Electronic Publishing, 2017, 132(2): 665-712.

[68] La Porta R., Lopez-De-Silanes F., Shleifer A., et al. Law and finance[J]. Journal of Political Economy, 1998, 106(6): 1113-1155.

[69] La Porta R. L., Lopez-de-Silanes F., Shleifer A., et al. The quality

of government[J]. Journal of Law Economics and Organization, 1999, 15(1): 222-279.

[70] Laursen K., Salter A. Open for Innovation: The role of openness in explaining Innovation performance among U. K. manufacturing firms[J]. Strategic Management Journal, 2006, 27(2): 131-150.

[71] Laursen K., Salter A. J. The paradox of openness: Appropriability, external search and collaboration[J]. Research Policy, 2014(43): 867-878.

[72] Laursen K., Foss N. J. New human resource management practices, complementarities and the impact on Innovation performance[J]. Cambridge Journal of Economics, 2003, 27(2): 243-263.

[73] Li H., Yang Z., Yao X., et al. Entrepreneurship, private economy and growth: Evidence from China[J]. China Economic Review, 2012, 23(4): 948-961.

[74] Lerner J., Wulf J. Innovation and incentives: Evidence from corporate R&D [J]. Review of Economics and Statistics, 2007, 89(4): 634-644.

[75] Li H. Y., Zhang Y. The role of managers' political networking and functional experience in new venture performance: Evidence from China's transition economy[J]. Strategic Management Journal, 2007, 28(8): 791-804.

[76] Li Y., Zhao Y., Tan J., et al. Moderating effects of entrepreneurial orientation on market orientation performance link age[J]. Journal of Small Business Management, 2008, 46(1): 113-133.

[77] Lin C., Ping L., Frank S., et al. Managerial incentives, CEO characteristics and corporate Innovation in China's private sector [J]. Journal of Comparative Economics, 2011, 39(2): 176-190.

[78] Luo W., Zhang Y., Zhu N. Bank ownership and executive perquisites: New evidence from an emerging market[J]. Journal of Corporate Finance, 2011, 17(2): 352-370.

[79] Manso G. Motivating Innovation[J]. Journal of Finance, 2011, 66(5):

1823-1860.

[80] Marisetty V. B., Venugopal B. G. Position, power and demand for CEOs: Understanding executive compensation in the U. S market [J]. SSRN Working Papers, 2014: 1-27.

[81] Mill J. S. Principles of political economy (III): exchange [J]. History of Economic thought Books, 2004, 3(12): 327-328.

[82] Miller J. S., Wiseman R. M., Gomez L. R.. The fit between CEO compensation design and firm risk [J]. Academy of Management Journal, 2002, 45(4): 745-756.

[83] Morck R., Wolfenzon D., Yeung B. Corporate governance, economic entrenchment and growth [J]. Journal of Economic Literature, 2005, 43(3): 655-720.

[84] Morse A., Nanda V., Seru A. Are incentive contracts rigged by powerful CEOs? [J]. Journal of Finance, 2011, 66(5): 1779-1821.

[85] Mthanti T., Ojah K. Entrepreneurial orientation (EO): Measurement and policy implications of entrepreneurship at the macroeconomic Level [J]. Research Policy, 2017, 46(4): 724-739.

[86] Murphy K. M., Shleifer A., Vishny R. W. The allocation of talent: Implications for growth [J]. Quarterly Journal of Economics, 1991, 106(2): 503-530.

[87] Noordhoff C. S., Kyriakopoulos K., Moorman C., et al. The bright side and dark side of embedded ties in business-to-business Innovation [J]. Journal of Marketing, 2011, 75(5): 34-52.

[88] North D. C. Institutions transaction costs and economics growth [J]. Economic Inquiry, 1987, 25(3): 419-428.

[89] North D. C. Institutions, Institutional Change and Economic Performance [M]. Cambridge University Press, 1990a.

[90] North D. C. Institutions, Institutional change and economic performance [J]. Journal of Economic Behavior & Organization, 1990b, 18(1): 142-144.

[91] North D. C. Structure and Change in Economic History [M].

Norton，1981.

[92] Park S. H.，Luo Y. D. Guanxi and organizational dynamics：Organizational networking in Chinese firms[J]. Strategic Management Journal，2001，22(2)：455-477.

[93] Park W. G. International patent protection：1960-2005[J]. Research Policy，2008，37(4)：761-766.

[94] Qian J.，Strahan P. E. How laws and Institutions shape financial contracts：The case of bank loans[J]. Journal of Finance，2007，62(6)：2803-2834.

[95] Raith M. Competition，risk，and managerial incentives[J]. American Economic Review，2003，93(4)：1425-1436.

[96] Rajan R. G.，Wulf J. Are perks purely managerial excess？[J]. Journal of Financial Economics，2006，79(1)：1-33.

[97] Robinson D. T.，Sensoy B. A. Do private equity fund managers earn their fees？ Compensation，ownership，and cash flow performance[J]. Review of Financial Studies，2013，26(11)：2760-2797.

[98] Wulf R. J. The flattening firm：Evidence from panel data on the changing nature of corporate hierarchies[J]. Review of Economics & Statistics，2006，88(4)：759-773.

[99] Schumpeter J. A. The Theory of Economic Development[M]. Harvard University Press，1934.

[100] Scott W. R. Institutions and Organizations：Theory and Research [M]. Sage Publications，1995.

[101] Sheng S.，Zhou K. Z.，Li J. The effects of business and political ties on firm performance：Evidence from China[J]. Journal of Marketing，2011，75：1-15.

[102] Shleifer A.，Vishny R. W. A survey of corporate governance [J]. The Journal of Finance，1997，52(2)：737-783.

[103] Simeon D.，Gérard R.，Ekaterina V.，et al. Who are China's entrepreneurs？[J]. Cepr Discussion Papers，2006，96(2)：348-352.

[104] Tan J. Innovation and risk-taking in a transitional economy[J]. Journal of Business Venturing, 2001, 16(4): 359-376.

[105] Tang Z., Tang J. Entrepreneurial orientation and SME performance in China's changing environment: The moderating effects of strategies [J]. Asia Pacific Journal of Management, 2012, 29(2): 409-431.

[106] Tosi H. L., Werner S., Katz J. P., et al. How much does performance matter? A meta-analysis of CEO pay studies[J]. Journal of Management, 2000, 26(2): 301-339.

[107] Troilo M. Legal Institutions and high-growth aspiration entrepreneurship[J]. Economic Systems, 2011, 35(2): 158-175.

[108] Wedeman A. Double paradox: Rapid growth and rising corruption in China[M]. Cornell University Press, 2012.

[109] Williamson O. E. Comparative economic organization: The analysis of discrete structural alternatives [J]. Administrative Science Quarterly, 1991, 36(2): 269-296.

[110] Williamson O. E. Managerial discretion and business behavior[J]. American Economic Review, 1963, 53(5): 1032-1057.

[111] Wu J., Tu R. CEO stock option pay and R&D spending: A behavioral agency explanation[J]. Journal of Business Research, 2007, 60(5): 482-492.

[112] Xue Y. F. Make or buy new technology: The role of CEO compensation contract in a firm's route to Innovation[J]. Review of Accounting Studies, 2007, 12(4): 659-690.

[113] Yermack D. Flights of fancy: Corporate jets, CEO perquisites, and inferior shareholder returns[J]. Journal of Financial Economics, 2006(80): 330-357.

[114] Youssef A. B., Boubaker S., Omri A. Entrepreneurship and sustainability: The need for Innovative and Institutional solutions [J]. Technological Forecasting and Social Change, 2018, 129: 232-241.

[115] Zahra S. A., Neubaum D. O., Huse M. Entrepreneurship in

medium Size companies：Exploring the effects of ownership and governance systems[J]. Journal of Management，2000，26(5)：947-976.

[116] Zhang T.，Stough R. R. Entrepreneurship and Economic Growth in China[M]. World Scientific Publishing，2013.

[117] Zhou K. Z.，Poppo L. Exchange hazards，relational reliability and contracts in China：The contingent role of legal enforceability[J]. Journal of International Business Studies，2010，41(5)：861-881.

[118] Zhu X，Zhang Y. Political mobility and dynamic diffusion of Innovation：The spread of municipal pro-business administrative reform in China[J]. Journal of Public Administration Research and Theory，2016，26(3)：535-551.

中文文献

[1] 蔡贵龙,柳建华,马新啸.非国有股东治理与国企高管薪酬激励[J].管理世界,2018(5)：137-149.

[2] 蔡乌赶,李青青.环境规制对企业生态技术创新的双重影响研究[J].科研管理,2019,40(10)：87-95.

[3] 陈彦斌,刘哲希.中国企业创新能力不足的核心原因与解决思路[J].学习与探索,2017(10)：115-124.

[4] 曾威.不对称信息下国企高管激励与腐败治理机制研究[J].财经问题研究,2013(12)：126-131.

[5] 陈冬华,陈信元,万华林.国有企业中的薪酬管制与在职消费[J].经济研究,2005(2)：92-101.

[6] 陈冬华,梁上坤,蒋德权.不同市场化进程下高管激励契约的成本与选择：货币薪酬与在职消费[J].会计研究,2010(11)：56-64+97.

[7] 陈红,王磊.产品市场竞争对公司代理成本和代理效率的影响[J].当代经济研究,2014(4)：37-43.

[8] 陈华东.管理者任期、股权激励与企业创新研究[J].中国软科学,2016(8)：112-126.

[9] 陈胜蓝.信息技术公司研发投入与高管薪酬激励研究[J].科研管

理,2011,32(9)：55-62.

[10] 陈树文,刘念贫.上市高新技术企业高管人员持股与企业绩效关系实证分析[J].科学学与科学技术管理,2006,27(2)：137-139＋143.

[11] 陈霞,马连福,丁振松.国企分类治理、政府控制与高管薪酬激励——基于中国上市公司的实证研究[J].管理评论,2017,29(3)：147-156.

[12] 陈晓珊.公司内外联合治理、在职消费与公司绩效——基于国企改革视角的实证研究[J].当代经济科学,2016,38(4)：107-116.

[13] 陈信元,陈冬华,万华林,等.地区差异、薪酬管制与高管腐败[J].管理世界,2009(11)：130-143.

[14] 陈修德,梁彤缨,雷鹏,等.高管薪酬激励对企业研发效率的影响效应研究[J].科研管理,2015,36(9)：26-35.

[15] 陈震,李艳辉.市场化进程、企业特征与高管薪酬——业绩敏感性[J].财贸研究,2011,22(6)：133-143.

[16] 程翠凤.高管激励、股权集中度与企业研发创新战略——基于制造业上市公司面板数据调节效应的实证[J].华东经济管理,2018,32(11)：120-127.

[17] 戴治勇.法治、信任与企业激励薪酬设计[J].管理世界,2014(2)：102-110.

[18] 党力,杨瑞龙,杨继东.反腐败与企业创新：基于政治关联的解释[J].中国工业经济,2015(7)：146-160.

[19] 道格拉斯·C.诺思.制度、制度变迁与经济绩效[M].杭行译.上海：格致出版社等,2008.

[20] 邓晓岚.政府控制、政府干预与管理者自利——基于财务困境视角的经验研究[J].南方经济,2011,29(12)：54-69.

[21] 段忠贤.自主创新政策的供给特征——一种三维量化分析视角[J].自然辩证法通讯,2017(2)：93-101.

[22] 冯根福,温军.中国上市公司治理与企业技术创新关系的实证分析[J].中国工业经济,2008(7)：91-101.

[23] 傅顾,汪祥耀.所有权性质、高管货币薪酬与在职消费——基于管理层权力的视角[J].中国工业经济,2013(12)：104-116.

［24］ 谷丰,张林,张凤元.生命周期、高管薪酬激励与企业创新投资——来自创业板上市公司的经验证据［J］.中南财经政法大学学报,2018(1)：146-156.

［25］ 郭淑娟,张文婷,李竹梅.产权性质、技术创新投入与高管薪酬［J］.企业经济,2017(7)：93-98.

［26］ 何玉润,林慧婷,王茂林.产品市场竞争、高管激励与企业创新——基于中国上市公司的经验证据［J］.财贸经济,2015(2)：125-135.

［27］ 贺振华.寻租、过度投资与地方保护［J］.南开经济研究,2006(2)：64-73.

［28］ 贾凡胜.外部监督、制度环境与高管运气薪酬［J］.南开经济研究,2018(1)：158-175.

［29］ 江轩宇.政府放权与国有企业创新——基于地方国企金字塔结构视角的研究［J］.管理世界,2016(9)：120-135.

［30］ 姜付秀,黄继承.经理激励,负债与企业价值［J］.经济研究,2011(5)：46-60.

［31］ 姜付秀,黄继承.市场化进程与资本结构动态调整［J］.管理世界,2011(3)：124-134.

［32］ 姜付秀,黄磊,张敏.产品市场竞争、公司治理与代理成本［J］.世界经济,2009(10)：46-59.

［33］ 赖敏,余泳泽,刘大勇,等.制度环境、政府效能与"大众创业万众创新"——来自跨国经验证据［J］.南开经济研究,2018(1)：19-33.

［34］ 李秉祥,陈英,李越.管理防御、R&D投入与公司治理机制关系研究［J］.科研管理,2014,35(7)：99-106.

［35］ 李春涛,宋敏.中国制造业企业的创新活动：所有制和CEO激励的作用［J］.经济研究,2010(5)：55-67.

［36］ 李后建.市场化、腐败与企业家精神［J］.经济科学,2013(1)：101-113.

［37］ 李玲,陶厚永.纵容之手、引导之手与企业自主创新——基于股权性质分组的经验证据［J］.南开管理评论,2013,16(3)：69-79.

［38］ 李梅,余天骄.东道国制度环境与海外并购企业的创新绩效［J］.中国软科学,2016(11)：137-151.

［39］ 李诗田,邱伟年.政治关联、制度环境与企业研发支出［J］.科研管

理,2015,36(4)：56-64.

[40] 廖红伟,徐杰.政府干预与国有企业高管薪酬激励有效性：制度背景与传导机制[J].理论学刊,2019(4)：76-87.

[41] 林毅夫,李周.现代企业制度的内涵与国有企业改革方向[J].经济研究,1997(3)：3-10.

[42] 林琳,潘琰.管制政策、高管权力维度与国企超额在职消费[J].郑州大学学报(哲学社会科学版),2019,52(4)：52-58.

[43] 林钟高,刘捷先.研发支出资本化与管理层薪酬契约——来自中国证券市场的经验证据[J].财经论丛,2012,164(2)：90-97.

[44] 刘放,杨筝,杨曦.制度环境、税收激励与企业创新投入[J].管理评论,2016(2)：61-73.

[45] 刘凤委,孙铮,李增泉.政府干预、行业竞争与薪酬契约——来自国有上市公司的经验证据[J].管理世界,2007(9)：76-84+128.

[46] 刘凤委.制度环境、薪酬合约与会计业绩度量——基于转轨经济环境的理论分析与实证检验[M].北京：经济科学出版社,2013.

[47] 刘婷婷,高凯,何晓斐.高管激励、约束机制与企业创新[J].工业技术经济,2018(9)：21-29.

[48] 刘绪光.高管薪酬契约的参照点效应研究——基于中国上市公司的样本[D].南开大学,2018.

[49] 刘张发,田存志.所有权性质、在职消费与企业创新[J].山西财经大学学报,2017(9)：72-88.

[50] 刘志强.CEO权力、产品市场竞争与在职消费[J].云南财经大学学报,2015(6)：124-134.

[51] 卢锐,魏明海,黎文靖.管理层权力、在职消费与产权效率——来自中国上市公司的证据[J].南开管理评论,2008(5)：85-92+112.

[52] 卢锐.企业创新投资与高管薪酬业绩敏感性[J].会计研究,2014(10)：36-42+96.

[53] 鲁桐,党印.公司治理与技术创新：分行业比较[J].经济研究,2014(6)：115-128.

[54] 鲁桐,党印.投资者保护、行政环境与技术创新：跨国经验证据[J].世界经济,2015(10)：99-124.

[55] 逯东,林高,黄莉,等."官员型"高管、公司业绩和非生产性支出——基于国有上市公司的经验证据[J].金融研究,2012(6):139-153.

[56] 罗宏,曾永良,宛玲羽.薪酬攀比、盈余管理与高管薪酬操纵[J].南开管理评论,2016(2):19-31+74.

[57] 罗宏,黄文华.国企分红、在职消费与公司业绩[J].管理世界,2008(9):139-148.

[58] 罗劲博.制度环境、在职消费与盈余质量——基于 A 股上市公司的经验数据[J].山西财经大学学报,2013,35(7):92-101.

[59] 吕长江,赵宇恒.国有企业管理者激励效应研究——基于管理者权力的解释[J].管理世界,2008(11):99-109+188.

[60] 马文聪,侯羽,朱桂龙.研发投入和人员激励对创新绩效的影响机制——基于新兴产业和传统产业的比较研究[J].科学学与科学技术管理,2013,34(3):58-68.

[61] 苗淑娟,夏朦,孟庆顺.高管激励对研发投入影响研究——终极控制权的调节作用[J].工业技术经济,2018(1):41-48.

[62] 牟韶红,李启航,陈汉文.内部控制、产权性质与超额在职消费——基于 2007—2014 年非金融上市公司的经验研究[J].审计研究,2016(4):90-98.

[63] 潘健平,王铭榕,吴沛雯.企业家精神、知识产权保护与企业创新[J].财经问题研究,2015(12):106-112.

[64] 潘孝珍,燕洪国.税收优惠、政府审计与国有企业科技创新——基于央企审计的经验证据[J].审计研究,2018(6):33-40.

[65] 潘子成,易志高.参照点效应、CEO 薪酬增长与企业创新[J].广东财经大学学报,2018,33(2):62-76.

[66] 戚聿东,钟涵.委托代理条件下企业家的规模偏好及其矫正[J].经济与管理研究,2009(11):33-38.

[67] 齐秀辉,王维,武志勇.高管激励调节下研发投入与企业绩效关系研究[J].科技进步与对策,2016,33(15):76-82.

[68] 綦好东,郭骏超,朱炜.国有企业混合所有制改革:动力、阻力与实现路径[J].管理世界,2017(10):8-19.

[69] 邱玉兴,于溪洋,姚玉莹.管理层激励、R&D 投入与企业绩效——基

于国有上市公司的实证分析[J].会计之友,2017(12):85-89.

[70] 权小锋,吴世农,文芳.管理层权力、私有收益与薪酬操纵[J].经济研究,2010(11):73-87.

[71] 冉春芳.高管权力、能力与高管超额薪酬研究[M].成都:西南财经大学出版社,2016.

[72] 阮素梅,杨善林.上市公司价值创造能力:所有制与控制权的配合效应[J].江淮论坛,2013(5):41-48.

[73] 沈永建,倪婷婷.政府干预、政策性负担与高管薪酬激励——基于中国国有上市公司的实证研究[J].上海财经大学学报,2014,16(6):62-70.

[74] 宋文阁,荣华旭.股权激励、制度环境与盈余管理——基于上市公司数据的实证分析[J].经济经纬,2012(3):90-94.

[75] 孙莹.战略性新兴产业公司治理、研发投入延迟效应与企业绩效关系研究[J].科技进步与对策,2017(5):66-72.

[76] 汤业国,徐向艺.中小上市公司股权激励与技术创新投入的关联性——基于不同终极产权性质的实证研究[J].财贸研究,2012(2):127-133.

[77] 万华林.国外在职消费研究述评[J].外国经济与管理,2007(9):39-41+65.

[78] 王建华,李伟平,张克彪,等."创新型企业"高管薪酬对创新绩效存在过度激励吗?[J].华东经济管理,2015(1):119-125.

[79] 王姝勋,方红艳,荣昭.期权激励会促进公司创新吗?——基于中国上市公司专利产出的证据[J].金融研究,2017(3):176-191.

[80] 王文华,张卓,季小立.高管持股与研发投资:利益趋同效应还是管理防御效应?——基于高新技术上市公司的实证研究[J].研究与发展管理,2014,26(4):23-31.

[81] 王小鲁,樊纲,胡李鹏.中国分省份市场化指数报告(2018年)[M].北京:社会科学文献出版社,2019.

[82] 王新,毛慧贞,李彦霖,等.经理人权力、薪酬结构与企业业绩[J].南开管理评论,2015,18(1):130-140.

[83] 王旭.技术创新导向下高管激励契约最优整合策略研究——企业生命周期视角[J].科学学与科学技术管理,2016,37(9):143-154.

[84] 温忠麟,叶宝娟.中介效应分析:方法和模型发展[J].心理科学进展,2014,22(5):731-745.

[85] 吴成颂,唐伟正,钱春丽.制度背景、在职消费与企业绩效——来自证券市场的经验证据[J].财经理论与实践,2015(5):62-69.

[86] 吴延兵.中国哪种所有制类型企业最具创新性?[J].世界经济,2012(6):3-29.

[87] 夏杰长,刘诚.行政审批改革、交易费用与中国经济增长[J].管理世界,2017(4):47-59.

[88] 夏冬林,李晓强.在职消费与公司治理机制[C].中国会计学会第六届理事会第二次会议暨2004年学术年会,2004.

[89] 肖虹,曲晓辉.R&D投资迎合行为:理性迎合渠道与股权融资渠道?——基于中国上市公司的经验证据[J].会计研究,2012(2):42-49.

[90] 肖利平.公司治理如何影响企业研发投入?——来自中国战略性新兴产业的经验考察[J].产业经济研究,2016(1):60-70.

[91] 肖文,林高榜.政府支持、研发管理与技术创新效率——基于中国工业行业的实证分析[J].管理世界,2014(4):77-86.

[92] 辛清泉,林斌,王彦超.政府控制、经理薪酬与资本投资[J].经济研究,2007(8):110-122.

[93] 辛清泉,谭伟强.市场化改革、企业业绩与国有企业经理薪酬[J].经济研究,2009(11):68-81.

[94] 徐浩,冯涛.制度环境优化有助于推动技术创新吗?——基于中国省际动态空间面板的经验分析[J].财经研究,2018,44(4):47-61.

[95] 徐浩,温军,冯涛.制度环境、金融发展与技术创新[J].山西财经大学学报,2016,38(6):41-52.

[96] 徐宁,徐向艺.技术创新导向的高管激励整合效应——基于高科技上市公司的实证研究[J].科研管理,2013(9):46-53.

[97] 徐宁,徐向艺.控制权激励双重性与技术创新动态能力——基于高科技上市公司面板数据的实证分析[J].中国工业经济,2012(10):109-121.

[98] 徐细雄,刘星.放权改革、薪酬管制与企业高管腐败[J].管理世界,

2013(3)：119-132.

[99] 徐悦,刘运国,蔡贵龙.高管薪酬粘性与企业创新[J].会计研究,2018(7)：43-49.

[100] 许晖,李文.高科技企业组织学习与双元创新关系实证研究[J].管理科学,2013,26(4)：35-45.

[101] 许玲玲.制度环境、股权结构与企业技术创新[J].软科学,2015,29(12)：22-26.

[102] 鄢伟波,邓晓兰.国有企业高管薪酬管制效应研究——对高管四类反应的实证检验[J].经济管理,2018,40(7)：58-73.

[103] 杨继伟.制度环境、治理结构与投资效率[J].山西财经大学学报,2016(8)：77-89.

[104] 杨蓉."八项规定"、高管控制权和在职消费[J].华东师范大学学报(哲学社会科学版),2016(1)：138-148＋172.

[105] 尹美群,高晨倍.混合所有制企业控制权、制度环境和研发创新[J].科研管理,2020,41(6)：1-8.

[106] 尹美群,盛磊,李文博.高管激励、创新投入与公司绩效——基于内生性视角的分行业实证研究[J].南开管理评论,2018(1)：109-117.

[107] 余明桂,钟慧洁,范蕊.业绩考核制度可以促进央企创新吗？[J].经济研究,2016(12)：106-119.

[108] 余泳泽,刘大勇.我国区域创新效率的空间外溢效应与价值链外溢效应——创新价值链视角下的多维空间面板模型研究[J].管理世界,2013(7)：6-20.

[109] 袁春生,唐松莲.外部董事与高管薪酬激励：经理市场的调节作用——基于民营上市公司的经验研究[J].山西财经大学学报,2015,37(5)：84-99.

[110] 约瑟夫·熊彼特.经济发展理论——对于利润、资本、信贷、利息和经济周期的考察[M].何畏,等译.北京：商务印书馆,1990.

[111] 张敦力,王艳华.市场化进程、高管薪酬与相对业绩评价——来自沪深A股的经验证据[J].暨南学报(哲学社会科学版),2016(3)：117-125＋132.

[112] 张杰,郑文平.全球价值链下中国本土企业的创新效应[J].经济研

究,2017(3)：151-165.

[113] 张敏,王成方,刘慧龙.冗员负担与国有企业的高管激励[J].金融研究,2013(5)：140-151.

[114] 张三保,张志学.管理自主权：融会中国与西方、连接宏观与微观[J].管理世界,2014(3)：102-118.

[115] 张显武,魏纪泳.高管薪酬结构与技术创新投入关系的实证研究——以中小企业板上市公司为例[J].技术经济,2011(6)：11-14.

[116] 张越艳,李显君,孟祥莺,等.汽车行业高管薪酬对企业创新能力的影响研究[J].管理评论,2017(6)：106-117.

[117] 张志宏,朱晓琳.产权性质、高管外部薪酬差距与企业风险承担[J].中南财经政法大学学报,2018(3)：14-22＋158.

[118] 甄丽明,杨群华.产权性质、薪酬制度与企业研发——基于中国上市公司的实证检验[J].南方经济,2014(12)：82-95.

[119] 周黎安.晋升博弈中政府官员的激励与合作——兼论我国地方保护主义和重复建设问题长期存在的原因[J].经济研究,2004(6)：33-40.

[120] 周铭山,张倩倩."面子工程"还是"真才实干"？——基于政治晋升激励下的国有企业创新研究[J].管理世界,2016(12)：116-132.

[121] 周仁俊,杨战兵,李礼.管理层激励与企业经营业绩的相关性——国有与非国有控股上市公司的比较[J].会计研究,2010(12)：69-75.

[122] 周玮,徐玉德,李慧云.政企关系网络、在职消费与市场化制度建设[J].统计研究,2011,28(2)：53-58.

[123] 朱德胜,周晓珊.股权制衡、高管持股与企业创新效率[J].南开管理评论,2016(3)：136-144.

[124] 庄子银.创新、企业家活动配置与长期经济增长[J].经济研究,2007(8)：82-94.

图书在版编目(CIP)数据

制度环境、高管薪酬与企业创新/朱兰亭著. —上海：复旦大学出版社，2024.5
ISBN 978-7-309-17198-3

Ⅰ.①制… Ⅱ.①朱… Ⅲ.①企业创新-研究 Ⅳ.①F273.1

中国国家版本馆 CIP 数据核字(2024)第 011133 号

制度环境、高管薪酬与企业创新
ZHIDU HUANJING GAOGUAN XINCHOU YU QIYE CHUANGXIN
朱兰亭 著
责任编辑/鲍雯妍

复旦大学出版社有限公司出版发行
上海市国权路 579 号 邮编：200433
网址：fupnet@ fudanpress.com http://www.fudanpress.com
门市零售：86-21-65102580 团体订购：86-21-65104505
出版部电话：86-21-65642845
上海盛通时代印刷有限公司

开本 890 毫米×1240 毫米 1/32 印张 7.5 字数 162 千字
2024 年 5 月第 1 版
2024 年 5 月第 1 版第 1 次印刷

ISBN 978-7-309-17198-3/F · 3028
定价：88.00 元